如何保护自己

写给乡村儿童

◎ 杨胡平 肖军 马杰 主编

中国农业科学技术出版社

图书在版编目（CIP）数据

如何保护自己：写给乡村儿童/杨胡平等主编.—北京：中国农业科学技术出版社，2018.7
　　ISBN 978-7-5116-3564-8

　　Ⅰ.①如… Ⅱ.①杨… Ⅲ.①农村—儿童教育—安全教育—基本知识 Ⅳ.①X925

中国版本图书馆 CIP 数据核字（2018）第 041807 号

责任编辑　张志花
责任校对　李向荣

出 版 者	中国农业科学技术出版社
	北京市中关村南大街 12 号　邮编：100081
电　　话	（010）82106636（编辑室）（010）82109702（发行部）
	（010）82109709（读者服务部）
传　　真	（010）82106631
网　　址	http://www.castp.cn
经 销 者	各地新华书店
印 刷 者	北京富泰印刷有限责任公司
开　　本	880 毫米 ×1 230 毫米　1/32
印　　张	6.75
字　　数	180 千字
版　　次	2018 年 7 月第 1 版　2018 年 7 月第 1 次印刷
定　　价	26.00 元

◆版权所有·侵权必究◆

序言

随着越来越多的年轻父母离开乡村,进入城市,留守儿童在乡村便成为许多人心中永远的牵挂,而他们的安全问题也成了社会热点问题。

据全国政协委员、教育部原副部长刘利民在答记者问时介绍,中国现有接受义务教育的学生1.4亿人,全部都有电子学籍系统,一人一号终生不变。由此统计出留守儿童现有902万人。由于缺乏亲情、缺乏关爱,农村留守儿童在成长过程中,难免会出现生理、心理方面的各种问题。而农村留守儿童的安全事故,更是屡屡刺激社会大众敏感的神经。溺亡、触电、火灾、有毒有害食品、遭性侵、被拐卖诱骗、自杀、离家出走、校园暴力……或令人叹息,或令人愤怒,但更多的是令人警醒,令人深思。特别是每年的暑假,乡村留守儿童的安全问题就显得格外严峻。因为失去了学校的约束,在漫长的暑假中,在乡村贫瘠的文化生活的现状下,孩子们很容易尝试各种危险的

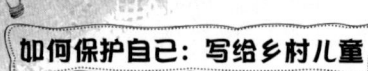

如何保护自己：写给乡村儿童

活动，如下河游泳、爬树摘果、野外生火、夜不归宿等。可以这样说，每个暑假都是留守儿童的最危险期，都是儿童安全事故的高发期。因此，教育和保护农村留守儿童，使他们健康成长，已成为全社会刻不容缓的一项任务。

为此，国务院出台了《关于加强农村留守儿童关爱保护工作的意见》，各地也纷纷完善相关法规，为农村留守儿童的安全保驾护航。

但是，只有法律保护是不够的，法律只是保护留守儿童的最后一道屏障。在法律保护之前，还有大量的工作要做。其中很重要的一项任务就是对农村留守儿童进行安全教育，以加强他们的安全防范意识，提高他们自我保护的能力。

这本写给乡村儿童安全的书，是为乡村儿童量身定做的一本实用手册。说它实用，是因为它具有以下几个特点：

一是切合实际。

本书由三位作者合著。一位南方的作者和两位北方的作者，都生活或曾经生活在农村，对乡村儿童的生活环境比较熟悉，所写素材都非常贴近生活实际。

杨胡平，儿童文学作家，一儿一女两个孩子的父亲，一直生活于甘肃农村，主笔写生活安全、乡村交通安全、网络安全的内容。

肖军，国家二级心理咨询师，中学语文兼心理健康教

育副高级技术职称，了解学生、熟悉学生。主笔写心理安全及校园安全的内容。本书以提高乡村儿童的自我防范意识为主，而心理安全教育是提高自我防范意识的关键所在。心理安全是本书的一大亮点，相信一定会给孩子们带来实实在在的帮助。

马杰，曾任北京市武术运动协会委员、北京市武术协会通背拳研究会副会长。他从武术的角度，教给孩子们应对突发危险的防范技法。武术虽不是万能的，但是，面对危险和伤害，没有一点基本的武术技能和常识是万万不能的。

二是内容全面。

该书从乡村儿童的生活环境和缺少监护的实际情况出发，主要围绕七大主题展开写作，详细介绍家中安全、野外玩耍安全、乡村交通安全、校园安全、网络安全、心理安全及突发意外伤害安全等方面的知识与技能。这样，从家中到路上，再到学校，从现实情境到虚拟场景，从常态生活到突发事件，对乡村儿童方方面面的安全都有具体可行的指导。

三是写作形式活泼生动。

该书采用的是故事化、情境式的写作方式，主要通过一些鲜活的故事来讲解自我保护的实用技巧，再配以图示。相信孩子们一定会喜欢看，看了之后记得住，用得上。特别是本书的作者之一——杨胡平在全国几十家刊物发表过童话，曾获第三届大白鲸世界杯原创幻想儿童文学奖、"春蕾杯"全国首届写给幼儿的寓言童话大赛奖百叶奖。他参与编撰此书是以给自己的孩子写童话的态度来进行创作的。其用心之良苦，写作之细致周到，跃然纸上。

最后，让我们携起手来，共同构筑乡村留守儿童的安全防护网，让每个留守乡村的孩子都能健康快乐地成长！

肖 军

2018年2月3日

目 录

家中安全

1. 嘴里不能含筷子 / 2
2. 收拾空碗要小心 / 4
3. 吃糖果时不能嬉戏 / 5
4. 吃鱼时谨防鱼刺 / 7
5. 水果刀不能当叉子用 / 8
6. 提防家具的棱角 / 10
7. 小朋友不要自己倒开水 / 12

8. 不能用铁丝捅插孔 / 14
9. 鞭炮不能拿在手里点燃 / 15
10. 睡前胳膊腿上不套皮筋 / 18
11. 不能攀爬高梯子 / 20
12. 家中花草不要随便碰 / 21
13. 远离劈柴现场 / 23

14. 未炒熟的四季豆不能吃 / 25

15. 打雷闪电时不在窗边打电话 / 27

1. "自制饮料"不能喝 / 30
2. 吃烤蛤蟆酿悲剧 / 32
3. 砍掉的蛇头不能碰 / 33
4. 深坑边上不能站 / 36
5. 远离夏天的黄牛 / 38
6. 滑梯不能倒着滑 / 40
7. 玉米茬地要慢行 / 42
8. 玩充气城堡防受伤 / 43
9. 不轻意触摸不认识的植物 / 44

10. 不能玩草木灰 / 46
11. 别在河滩睡觉 / 48
12. 不能随便采摘果子 / 50
13. 不能用弹弓乱射子弹 / 52
14. 不能在草丛里睡觉 / 54
15. 不用棍子打闹着玩 / 55
16. 秋千不能荡太高 / 57
17. 天热不去河边野泳 / 59

18. 不捅马蜂窝 / 61

19. 不要爬野山 / 63

20. 不能攀爬电线塔 / 64

21. 不攀爬电线杆旁边的树 / 65

22. 野外不能生火 / 67

23. 没有大人陪同不去人多的场所 / 69

24. 穿着凉鞋不奔跑 / 70

25. 别用手直接挖泥巴 / 72

26. 别碰锋利的镰刀 / 74

27. 别踩长满青苔的石头 / 76

乡村交通安全

1. 经过草深小路先打草 / 80

2. 别在马路上玩耍 / 82

3. 不乘坐超载的交通工具 / 84

4. 远离正在倒车的车辆 / 86

5. 大雪过后绕行大树 / 87

6. 不能偷偷钻进车内睡觉 / 90

7. 不乱骑电动车 / 92

8. 不能在摩托车旁打闹 / 94

9. 站在马路边等人要小心 / 95

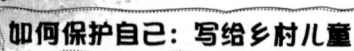
如何保护自己：写给乡村儿童

校园安全

1. 在学校被"擂肥"，该如何应对？ / 98
2. 如何远离校园暴力？ / 100
3. 骑自行车上学要遵守交通规则 / 103
4. 步行上学也要谨慎 / 104
5. 上学、放学不能坐"黑车" / 106
6. 上学途中的稻草屋不能进 / 108
7. 一个人回家不走夜路 / 110
8. 校园消防安全：不点蜡烛，不乱接电线 / 113
9. 校园食品安全：不买"三无"食品 / 116
10. 不和异性教师长时间同处无人的封闭空间 / 117
11. 体育课上的安全常识知多少？ / 120
12. 走楼道不推搡，防止踩踏 / 124
13. 不在学校水泥地上追赶打闹 / 126
14. 不在学校走廊上"开火车" / 128

网络安全

1. 不要轻信网友 / 132
2. 同学QQ号有时也骗人 / 134

目录

3. 微信朋友圈成为骗子的"帮凶" / 135
4. 长时间上网猝死网吧 / 138
5. 色情网站不要进 / 139
6. 警防电脑中毒 / 142
7. 二维码不能乱扫 / 145
8. 公共场所的免费 Wi-Fi 要慎用 / 146
9. 不能乱扔快递包装盒 / 149
10. 废弃手机不能随便丢掉或卖掉 / 151

1. 和家人发生矛盾，不能离家出走 / 154
2. 家人去世后，要充分表达自己的哀伤 / 156
3. 遭到性侵之后，如何修复心理创伤？ / 159
4. 遭遇地震、洪灾等自然灾害后，
   如何实施心理自助？ / 161
5. 父母离婚后，别把自己变成一块铁 / 164
6. 学会抵御诱惑 / 167
7. 提防亲人之间无意的言语伤害 / 171
8. "恐高"不用怕 / 173
9. 自虐倾向要小心 / 174

10. 爱洗手不是强迫症 / 177
11. 经常虐待小动物容易诱发人格障碍 / 180
12. 脾气暴躁危险多 / 183
13. 内向的同学如何应对别人的挑衅与冒犯？ / 186
14. 培养自己的抗挫折能力 / 189
15. 学会对陌生人说"不" / 192

运用智慧学本领 靠己护身 / 196

如何保护自己：写给乡村儿童

嘴里不能含筷子

吃完午饭，小刚趁父母还在吃饭没留意时，悄悄地离开餐桌，拿着筷子走出屋子，来到院子里玩。他追着家里的一只小公鸡满院子跑。小公鸡边扇动着翅膀跑边"咯咯咯"地叫。小公鸡跑得越快，小刚撵得越起劲。小刚经常在家撵着小公鸡满院子跑，搞得家里鸡飞狗跳，不过也没出现过什么意外。所以当听到公鸡叫时，小刚的父母并没

有在意,只是朝院子里的小刚喊了几声,就继续吃饭。

小刚想抓住小公鸡,可他的手里拿着两根筷子。于是,小刚眼珠一转,想出了一个"办法",只见他将两只筷子含进嘴巴里面,张开双手,继续追着小公鸡满院子跑。眼看快要追上小公鸡了,一不小心,小刚的一只脚踩在了一根粗棍子上。棍子一滚动,小刚脚下一打滑,身体失去平衡,摔倒在地,两根筷子插入口腔,造成了重伤。父母闻讯连忙将小刚送到县医院,经过一番抢救,才脱离了生命危险。

安全提示

儿童常有嘴里边含东西边玩的习惯,家长一定要教育孩子,嘴里不能含东西,尤其是千万不能含筷子、勺子之类的餐具,一旦摔倒,很容易对孩子造成严重的伤害事故。

收拾空碗要小心

小娟是一位留守儿童,她的爸爸妈妈长年在外打工,为节省路费多挣些钱建新房,过几年才回家一次。小娟和年迈的奶奶相依为命。

小娟是一位懂事的孩子,经常帮奶奶干些力所能及的家务活。吃完饭后,她常帮奶奶收拾碗筷。这天晚上吃完饭后,她像往常一样收拾碗筷去洗。

小娟捧起空瓷碗,转身走向厨房。没想到,被脚下的小凳子绊倒在地。手中的空瓷碗,掉在瓷砖地板上,被摔成了碎片。小娟用来支撑身体重量的左手掌,恰好压在了锋利的、尖尖的碗片上面,手被割破了,血流不止。好在伤口不深,只缝了几针。

安全提示

小朋友平衡性较差,走路时容易摔倒,所以收拾空

碗,要特别谨慎。作为家长,可以让小朋友干一些家务,让他们养成爱劳动的好习惯,但必须在安全的前提下进行。

吃糖果时不能嬉戏

家里来了客人,找爸爸聊天。爸爸往乐乐的口袋里塞了一把糖果,让他自己去院子里玩。这时芳芳来找乐乐,约乐乐一起去大路边玩。

乐乐一听大路边还有好多小伙伴,马上跟着芳芳跑了出去。乐乐和小伙伴们,在大路边,你追我赶打闹着玩了起来。芳芳在后面追,乐乐气喘吁吁地大笑着往前跑。在快速奔跑中,忽然"咻溜"一下,乐乐嘴里的糖块,滑入了气管。乐乐蹲在原地,弯下腰不停地咳嗽了起来,并且感到呼吸困难,脸色也开始发青。路过的柳大爷一看情况不妙,喊来了乐乐的父亲,赶快将乐乐送到了附近的医院,经过一番救治,乐乐转危为安,避免了悲剧的发生。

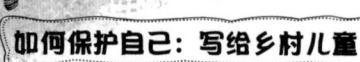

如何保护自己：写给乡村儿童

安全提示

小朋友在吃糖果时，很容易发生呛进气管窒息的意外。所以小朋友在吃糖果时，一定要小心，千万不能边吃糖果边打闹奔跑，以防糖果滑进气管窒息。

吃鱼时谨防鱼刺

星期天的早上,邻居家的宋大哥要在镇上的酒店举行婚礼仪式。爷爷带着阳阳前去赴宴。

服务员陆续将凉菜、热菜端了上来。阳阳都不太喜欢。后来端上来一盘油炸小鱼,阳阳非常喜欢吃。于是抓起油炸小鱼就往嘴里送,狼吞虎咽地吃了起来。没想到,没吃几口,阳阳就感到喉咙痛得吃不下饭,哇哇大哭了起来。原来,阳阳不小心将鱼刺卡在了喉咙里。在座的人纷纷出点子,让阳阳大口吃米饭或馒头,阳阳都照办了,可还是没有作用,鱼刺依然卡在喉咙里。

爷爷只好带着阳阳去镇上的卫生院看医生,医生取出了卡在阳阳喉咙里的一根长长的鱼刺。

安全提示

小朋友吃鱼时,一定要提防鱼刺,尤其是那些密而小

的鱼刺，让人防不胜防。家长们最好给孩子吃鱼肉多、鱼刺少的大鱼，并让小朋友慢慢挑掉鱼刺后再吃，千万不能急，避免鱼刺卡在喉咙里。

水果刀不能当叉子用

英子喜欢吃苹果，妈妈将苹果皮削掉后给了英子，然后去做家务了。英子觉得苹果个头太大，直接用嘴巴咬起来不方便，于是她就用水果刀，将苹果切成小块，直接将水果刀当叉子用，扎起苹果块，送到嘴里吃。

可是没吃几块，英子就感到嘴唇一阵痛，她丢掉水果刀大声哭了起来。正在做家务的妈妈，闻声跑进屋子，发现英子的嘴巴全是血，水果刀丢在一边。妈妈一看情形，就明白发生了什么事。妈妈赶紧将英子送往乡卫生所，英子的嘴唇被缝了几针。

安全提示

削苹果的刀具等东西,对小朋友来说,是非常危险的。不能单独使用刀具。家长们在使用完刀具后,应该马上收起来,放到小朋友够不着的安全地方。

提防家具的棱角

康康的爸爸和妈妈用几年打工的积蓄，建起了村子里最气派、最宽敞明亮的一所房子。

趁大人拉家常的机会，好久没见面的康康和表哥、表弟、表妹们，马上打成一片，在室内玩起了老鹰捉小鸡的游戏。由个头最大的表哥做母鸡，身体结实的康康做老鹰，其他表弟表妹们做小鸡。为了躲避"老鹰"的捕捉，"小鸡"躲在"母鸡"的身后，跑来跳去。正当大家玩得热火朝天时，年纪最小的表妹，捂着头放声大哭了起来。大人们马上跑过来，原来小表妹在奔跑时，不小心将额头撞在了家具的棱角上面，被撞出一个小口，血流不止。小表妹被送到医生那里，上了药并包上了纱布后，才止住了血。

家中安全

安全提示

活泼好动是孩子的天性,而当小朋友在家里奔跑时,很容易一头撞在家具的棱角上,撞得头破血流。所以小朋友们应在开阔平坦的室外进行适当的游戏或运动,而摆满家具的室内,是不能进行游戏或运动的。

如何保护自己：写给乡村儿童

小朋友不要自己倒开水

中午放学回家后，苗苗放下书包时，奶奶早已做好了饭菜，在等着苗苗吃呢！

苗苗中午放学回来，看到奶奶正忙着给猪喂食，口渴得厉害，于是她决定自己倒水喝。

这个热水瓶里，是奶奶做饭前往里面装的满满一壶滚烫的开水。苗苗将水杯放在地板上，使出全身的力气，想抱起热水瓶，可是一只装满水的热水瓶对她来说，实在是太沉了，抱是抱起来了，但实在没法精准地把水倒在碗里。更可怕的是还没有站稳，就抱着热水瓶向后摔倒在地。从热水瓶里流出的开水，流到了苗苗的胳膊和肚子上，造成了大面积烫伤。

望着躺在病床上，被开水烫伤的苗苗，奶奶悔恨自己一时疏忽大意，才导致了烫伤事故的发生。

安全提示

人们为了能随时喝上热水,几乎每家每户都有热水瓶。小朋友千万不能自己倒开水喝,更要远离热水瓶。家里可以另外准备一个热水瓶,将晾得温热的水倒入热水瓶中,专门供小朋友饮用,这样才能杜绝小朋友被开水烫伤事故的发生。

如何保护自己：写给乡村儿童

不能用铁丝捅插孔

小山家里有一台彩色电视机，每当爸爸将电源插头，插进一旁墙壁上的插孔里时，电视机就会有电，电视就出现了画面。小山觉得这一切都非常神奇和有趣。

电到底是一种什么样的东西呢？小山决定"研究"一番。

星期天上午，小山写完作业，打开电视，看了一会儿动画片后，关了电视，他盯着电视旁边墙壁上的插孔，很想弄清楚电到底是什么东西。

于是小山从家里堆放杂物的房子里，找出一根一米多长麦秆般粗的铁丝，他轻轻地将这根铁丝的一端，伸进插孔的一个小孔中，小山感到全身一阵麻痛，之后，便失去了知觉。

赶集回来的爸爸妈妈，发现倒在地上触电身亡的小山，悲痛欲绝。

家中安全

安全提示

小朋友对身边一切事物的好奇心都非常强，碰到他们好奇的事物，他们总想上前"研究"一番。可是小朋友们，家里有电的插孔和电器等，凡是一切有电的地方，都是非常危险的，绝对不能乱动。就算是电器或线路出了问题，只有专业修理电器的叔叔或电工才能维修它们，而小朋友不要随便充当"修理工"。

鞭炮不能拿在手里点燃

马上就要过春节了，村里的小男孩们闲不住，像商量好了似的，每人装着一口袋鞭炮，手里拿着一根点燃的香，在村子的池塘边，一起放鞭炮。你点燃一根鞭炮"啪"的一声，我点燃一根鞭炮"啪"的一声，好不热闹！

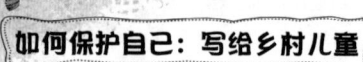

只见大宝,拿出一根大拇指般粗的鞭炮,插进池塘凿开的冰眼里,点燃大鞭炮的捻子后,"咚"的一声巨响,冰块被炸掉了一大块。大家发出一阵赞叹!

"我还有拿手绝活呢,请大家注意看!"大宝从口袋里摸出一根鞭炮,拿在手中,用另一只手里的香头点燃捻子,在即将燃尽鞭炮快炸响时,丢向了空中,在空中"啪"的一声炸响,又引来同伴们的一阵赞叹。

大伙儿马上模仿起了大宝的这种放鞭炮的方法。小峰也从口袋里摸出一根鞭炮，用另一只手里的香头，点燃了捻子。可当小峰来不及将鞭炮扔到半空时，鞭炮响了。小峰那只拿鞭炮的手，被炸得好一会儿没有血色，痛得小峰号啕大哭起来。幸亏爸爸当初给小峰买鞭炮时，买了响数不大的，小峰的手才没有被炸成重伤。

安全提示

我国好多地方在逢年过节时，都有放鞭炮的习俗。而放鞭炮的任务，一般由小男孩们来完成。家长应教育小朋友们，放鞭炮时一定要注意安全，千万不能拿在手里放。

如何保护自己：写给乡村儿童

睡前胳膊腿上不套皮筋

小娟喜欢拿着小玩具之类的东西睡觉。

这天晚上入睡前，妈妈将小娟扎头发的皮筋，取下来放在小娟枕头旁边，以备小娟第二天起床后，扎头发用。

等妈妈离开后，小娟躺在床上，手里拿着一根皮筋玩。她将皮筋牢牢地套在了自己的左胳膊上。这时困意袭来，小娟马上睡着了。而那根皮筋还紧紧地绑在她的胳膊上。

小娟睡到半夜，有了尿意。在梦中梦到自己到处找厕所，最后被尿憋醒了，起来上厕所时，发现套皮筋的胳膊，开始发肿，并且活动手指时都感到非常困难。于是，小娟大声喊来了妈妈，妈妈在灯下仔细检查了小娟的胳膊，好在这时胳膊肿得不太厉害。妈妈发现了紧紧套在小娟胳膊上的皮筋，马上将其取了下来，胳膊的血液循环很快就恢复正常，慢慢消肿了。若不是小娟半夜起来上厕所，她的胳膊受到的损伤会更加严重。

家中安全

安全提示

虽然有好多小女孩，用皮筋扎头发，但将皮筋绑在胳膊或腿上的行为，是非常危险的，尤其是在入睡前，小朋友千万不能将皮筋紧紧在套在胳膊或腿上，以免发生危险。

不能攀爬高梯子

每年到了高温炎热的夏天晚上，睡在屋子里，就像钻进了大蒸笼一样，实在太闷太热，小成的爸爸每天晚上都要搭着高梯子，攀爬到平房的房顶上去睡觉。

夏天晚上，睡在平房房顶，凉风习习，比吹空调还要凉爽，非常舒服。

可每天晚上，爸爸都是一个人去房顶睡，从来不让小成上去睡，爸爸说小孩子攀爬梯子上房顶太危险，可小成不以为然。这天晚上，小成在自己的房间里睡到半夜，已热得满头大汗。起来小便的小成，发现梯子还搭在平房的房顶边缘上，于是他便悄悄走过去，打算偷偷爬上房顶去睡觉。由于梯子下端立在光滑的水泥地上没人扶，小成刚爬上梯子的一半高度时，梯子下端就向前方滑去，倒在了院子里。小成从梯子上掉下来，重重地摔在了坚硬的水泥地上，摔掉了两颗大门牙。

家中安全

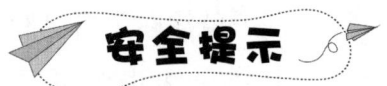

在没有人扶梯子的情况下,攀爬梯子是非常危险的一种行为。在没有大人在场的情况下,小朋友绝对不能攀爬竖起的梯子,容易从梯子上面摔下来受伤。

家中花草不要随便碰

小柱的妈妈喜欢花草,院子里摆满了长着花草的花盆。当然房间里也摆着几盆喜阴的花草,其中一盆是滴水观音,小柱的妈妈前几天刚买回家的。

下午放学后,小柱看见妈妈蹲在院子里的花盆前,认真地伺弄着她的花草。小柱在写作业,妹妹拿着玩具在地板上玩。忽然妹妹跑过来对小柱说:"哥哥,这盆花草的叶子上在滴水。"小柱跑过去一看,果然看到一盆宽叶的植物叶子上面,在滴着水滴。

如何保护自己：写给乡村儿童

小柱用手指蘸了一下**就涂**在了自己脸上，妹妹也学着哥哥的样子往脸上抹了抹。

没过多久，小柱和妹妹感都到脸上瘙痒难忍，用手揉过的眼睛，也感到疼痛。妈妈马上带他们去看医生。经过医生一番询问，才知道他们将滴水观音上的水珠，涂到了脸上，还摸过叶子。医生告诉他们，滴水观音有毒，不要触摸，当然更不能食用。接下来，医生还给他们列举了一下有毒的家中常见花草，妈妈拿着笔和本子，一一记了下来。

安全提示

很多人想不到，家中常见的花草原来也有毒。家长要告诉孩子，家里的花草，不能随便触摸，更不能食用。小朋友们要牢记哪些花草有毒，哪些无毒，有毒的花草绝对不能触摸和食用。

远离劈柴现场

因有其他的规划,莹莹的爸爸砍掉了一片杏园里的杏树,将这些又粗又长的杏树树干、枝条,堆放在了院子里。等到农闲时,他就会拿着斧子在院子里劈柴,用来烧柴做饭。

这天爸爸蹲在院子里,正在挥动着斧子劈柴。又粗又长的树枝每被砍一斧子,就会木屑四溅。莹莹拿着一辆遥控汽车玩具满院子跑,"咯咯咯"地笑个不停。

只顾着劈柴的爸爸,没有留意莹莹跑了过来,他用力一斧子劈下去,溅起的木屑飞了出去,其中一块较大的木屑砸中了莹莹的一只眼睛。莹莹顿时用手捂着眼睛,大声哭了起来。爸爸马上放下斧子,跑过来抱着莹莹去看医生。好在木屑飞来快要砸到莹莹眼睛时,出于本能反应,莹莹闭上了眼睛,受伤不是很严重,只做简单的处理就可以了。如果木屑直接砸到眼球上,很有可能让莹莹受伤的那只眼睛失明。

如何保护自己：写给乡村儿童

安全提示

　　大人劈柴时，溅起的木屑，很容易误伤旁边的小朋友。因此大人在劈柴时，小朋友是不能靠近的，一定要远离劈柴现场，防止被溅起的木屑刺伤眼睛。

未炒熟的四季豆不能吃

小娜的父母长年在外打工,她和弟弟跟着爷爷奶奶在老家的农村生活。

在村小上小学的小娜和弟弟,放学回家后,边写作业边等奶奶回来做饭。可是都过中午了,还不见爷爷和奶奶回家。平时都是奶奶在做饭,小娜只帮奶奶洗洗菜。可现在弟弟喊着肚子饿了,要吃饭。再说下午还要上学呢!再不做饭就来不及吃饭了。

这时还不见奶奶的踪影,小娜就硬着头皮,决定自己做饭吃。厨房里有奶奶昨天从菜园里摘来的四季豆,还有从街上买来的挂面,小娜打算炒四季豆,再煮些挂面吃。这是小娜第一次炒四季豆,还没有完全炒熟时,弟弟用筷子夹起半截尝了尝,说熟了,可以出锅了。

结果,小娜和弟弟,都吃了盛在盘子里没有炒熟的四季豆,他们俩刚背起书包准备去学校时,就倒在院子里,吐了一地。正好被回到家的爷爷奶奶送到医院,及时治疗才脱离了生命危险。

如何保护自己：写给乡村儿童

安全提示

只有完全炒熟了的四季豆才能食用，没有炒熟的四季豆，吃了就会中毒。小朋友学炒菜，一定记得将四季豆炒得烂熟才食用。

打雷闪电时不在窗边打电话

小玉和小伙伴们在村边的池塘边玩时,天突然阴了下来,乌云翻滚,刮起了大风。吓得小玉和小伙们抱着头跑回了家。

小玉刚跑到家,就"哗哗哗"地下起了倾盆大雨,并且电闪雷鸣。天色慢慢暗了下来,去田里干农活的爸妈,到现在还没有回家,小玉感到非常害怕。今天下午外出干活的爸妈,也没有带雨伞和雨衣,于是,她拿起手机,站在窗户旁,拨通了爸爸的电话,就在她和爸爸通话时,天空响起了"轰隆隆"的雷声,并出现了树枝形的闪电。小玉一句话还没有说完,就被雷击了,倒在地上失去了知觉。

电话那边的小玉爸爸,感到不对劲,就和小玉妈妈,连忙冒着大雨,赶回了家中,一进屋,他们就发现了倒在窗户旁边的小玉,而小玉早已经没有了呼吸。

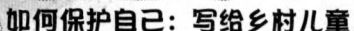

很多人知道，打雷下雨时，在空旷场地上、建筑物顶上、高大树木下、靠近河湖池沼这些地方，都是容易遭雷击的。家长要告诉孩子，除了这些地方外，打雷闪电时不能在室内的窗户边打电话，这同样会遭雷击。所以在打雷闪电时，小朋友们要远离窗户，更不能站在窗户边打电话。

 "自制饮料"不能喝

小超的村子,是附近一带有名的桃花村,盛产桃子。每年春天,当村子里几百亩桃园的花期到来时,桃园里全是一片粉色,就像是天上的云霞;香气四溢,引得蜜蜂前来采蜜,也引得游人前来赏花游玩。

星期天的早上,当小超跟着妈妈,在桃园里挖野菜时。一位叔叔,拿着相机,先是给桃花拍了一组照片。然后走近小超妈妈,说他是一位摄影爱好者,想让小超站在开满桃花的桃树旁,给小超拍几张照片,朴实的小超妈妈同意了。

拍完照后,这位叔叔送给小超几瓶饮料。小超从没有喝过这么好喝的饮料。他拿着空易拉罐问:"妈妈,这些饮料是怎么制作出来的?真好喝。"

妈妈想了想说:"听说是用草和水加在一起做成的。"

小超将妈妈随口说的话,记在了心里。

一个星期天,妈妈带小超去半山坡干农活,小超在一

旁玩。他拿出空易拉罐，从山坡上摘来一些不认识的叶子，放进易拉罐，又加了些山泉水，自制了一瓶"饮料"。小超喝光了这瓶"饮料"后，突然口吐白沫，不省人事。等妈妈发现将小超送到医院后，小超早没有了任何生命迹象。

经过医生化验易拉罐里的残留物质，发现小超无意中采了山坡上的一种有毒的植物叶子，混着水喝下，中毒而死。

安全提示

野外有许多人们不认识的植物，这些植物中，有些是无毒的，有些是有毒的。小朋友最好不要食用野外植物的茎叶或果实，以免发生中毒事件。就算有些植物无毒可食用，万一是被污染过的，吃了同样会中毒。

吃烤蛤蟆酿悲剧

村子边上,有个大池塘。每到夏天的晚上,池塘里的青蛙,就会游到岸边,像举行歌唱比赛一样,"呱呱呱"地叫个不停。

一天晚上,小岩正在写作业。小维来找小岩,去池塘边抓青蛙。

"据说青蛙的肉可好吃了,咱们抓几只青蛙烤着吃。"小维小声对小岩说。

小岩曾看到一些城里的叔叔,晚上开车来池塘边抓青蛙当下酒菜。听小维这么一说,小岩肚子里的馋虫被叫醒了。再说他家住池塘边上,青蛙吵得他睡不好觉,心里想真该把它们烤着吃了。

带上手电,小岩和小维来到池塘边,没用多长时间,就抓了一兜青蛙和蛤蟆。小岩和小维认为,既然青蛙肉能吃,那么蛤蟆肉应该也能吃。他们来到村子边的菜园旁,捡来柴火烤起了青蛙和蛤蟆。吃完烤青蛙和烤蛤蟆后,回

到家里没过多长时间,小岩和小维都出现了上吐下泻、口吐白沫的症状。

他俩被家人送到了医院,经过抢救,小岩脱离了生命危险,而小维永远离开了人世。

青蛙是我们人类的朋友,它们抓害虫帮我们保护庄稼,我们要保护它们,不能害死青蛙,更不能吃青蛙肉。而蛤蟆肉是有毒的,绝对不能吃。

砍掉的蛇头不能碰

炎热的7月,正是麦子成熟的季节。这段时间,只要不下雨,村民们都在起早贪黑地忙着收割麦子。

到中午时,小虎的爸爸妈妈拉了一板车麦捆回来。他们将车上的麦捆卸下,摆放在院子旁边的碾麦场。忽然妈

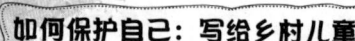

如何保护自己：写给乡村儿童

妈发出一声尖叫，爸爸赶紧跑过去一看，原来一条灰色的小蛇从麦捆中探出头来。爸爸连忙用棍子将小蛇挑到一旁的草丛中。这时李大爷走了过来，说蛇血是一种药，他正好需要用。于是拿起随身带的菜刀，砍下了蛇头。倒提着蛇，让蛇血滴在柿叶上。

小虎和小杰，看到被丢在路边的蛇头，觉得十分好奇，便走过去，仔细观察了起来。

小虎说："我听爷爷说，蛇头被砍下来，还能咬人。"

小杰听了哈哈大笑起来:"你爷爷是胆小鬼,砍下来的蛇头,怎么可能咬人呢?"

为了证明自己胆子大,小杰伸出右手食指,去拨弄砍掉的蛇头。没想到蛇头一张嘴,咬住了小杰的食指,小杰愣了一下后,马上鬼哭狼嚎起来。大人们赶来,将小杰送到了医院,从手指上取下了蛇头。幸运的是,这是一条无毒蛇,只进行简单的消毒就可以了。如果是一条毒蛇的话,后果将不堪设想。

安全提示

大自然很奇妙,有些动物的生命力很顽强,如蛇,被砍掉的蛇头,在短时间内照样可以咬人。所以提醒孩子们,要远离砍掉的蛇头。

如何保护自己：写给乡村儿童

深坑边上不能站

村子边上有一个大深坑，这是村民们多年挖土挖出来的。

今天值日，下午放学后打扫完教室的小海，背着书包打算回家，在经过这个大深坑时，他发现坑里有只麻雀在

蹦来跳去。正当小海全神贯注地盯着麻雀时，小海的同学小东悄悄地跑了过来。小东本来想过去捂住小海的眼睛，让他猜猜自己是谁，他们之间常玩这样的游戏。可是小东这次跑得太快了，在惯性的作用下，小海和小东全掉到了这个3米多深的坑里，并且小东压在了小海的身上，而小海的右胳膊，压在了自己的身底下。这样一来，小东和小海的重量，全压在了小海的右胳膊上，造成了骨折。

安全提示

小朋友的身体正处于发育中，不能准确地预判自己的速度和力量，很容易造成伤害事故。因此，小朋友们不能站在深坑或悬崖边上，因为这样很容易被打闹的小伙伴无意中推下去，或者万一站不稳掉下去摔伤。

5

远离夏天的黄牛

小林家养着一头大黄牛,它不是奶牛,是用来犁地拉车做役力用的大黄牛。

夏天来了,烦人的苍蝇,"嗡"的一声,飞来过去,专门围着大黄牛叮在它的身上吸血。

看着被蝇子叮得站立不安的大黄牛,不停地摇动两只扇子般的耳朵,摇着脑袋,甩动着长长的尾巴驱赶蝇子。小林决定帮大黄牛去抓住这些可恶的苍蝇,然后去喂蚂蚁。

小林将大黄牛拴在了村边上的一片槐树林里,站在黄牛的身后抓苍蝇。就在这时,一只很大的牛牤,飞过来将它像钢针一样的吸管,刺进黄牛的屁股。疼痛难忍的大黄牛,狠狠地将自己的脑袋,甩向被牛牤叮的部位。没想到,大黄牛的脑袋,一下子撞在了小林的身上。小林的背部,被大黄牛尖尖的牛角,刺得鲜血淋漓。小林没想到,一向温顺老实的大黄牛,竟突然向自己"下毒手"。

安全提示

每年夏天,牛和毛驴等家畜,为了驱赶牛牤和苍蝇,都会不停地甩动脑袋和尾巴,这是它们的本能反应。小朋友们要知道这时哪怕是这些家畜信任的小主人,也应该和它们保持距离,以免被其误伤。

滑梯不能倒着滑

这是振振第一天上幼儿园,他对幼儿园里的一切都充满了好奇。

看到有这么多小伙伴和好玩的玩具,振振马上挣开奶奶的手,和其他小朋友去玩了。

就在奶奶和老师谈话时,振振来到一个滑梯面前,和其他小伙伴一起排着队玩起了滑梯。

大家从滑梯一边的梯子上走上去,再从斜形的滑板上,"嗖"的一声滑下来,别提有多好玩了。这可是振振长这么大第一次玩滑梯,他和小伙伴们,滑下来再走上去,玩了很长时间,怎么滑都滑不厌。

这次振振又走上了滑梯,只见他头朝下从斜形的滑板上滑了下来,紧接着后面有几位小伙伴,也学着他从滑板上滑了下来。在惯性的作用下,只见振振被后面的小伙伴推着,飞快地滑了下来,脸撞在了滑梯下的地面上,脸皮被擦掉了一大片,鼻子直流血。

野外玩耍安全

安全提示

滑梯是一种常见的综合型运动器械,如果小朋友没有用正确的方法去滑,也会受伤。滑滑梯时,一定要坐在上面往下滑。这样滑下去后,可以用脚蹬住地面。如果面朝下爬着滑,受伤的概率会大增。

7

玉米茬地要慢行

星期天的早上,小花挎着竹篮子,喊上伙伴小蕾,一起去扯猪草。

两人走出村子,来到了一片用镰刀收割过的玉米地,满地全是20多厘米高的玉米茬。可这里的猪草不少,长得既鲜嫩又茂盛。没用多长时间,小花和小蕾就扯了冒尖的一篮子猪草,提前完成任务。离吃午饭的时间尚早,她们就决定在这里玩一会儿再回家吃饭。

正在此时,她们发现在不远处,玉米茬地里有一只灰色的小兔子,在草丛里跳来跳去吃青草。小花和小蕾不约而同地跑上前去。

小兔子发现了她们,一蹦一跳奋力向前逃去。小花和小蕾穷追不舍,不知不觉加快脚步。不料小花被脚下的玉米茬一绊,摔倒在地,脸庞、肚子全被玉米茬刺伤,血流不止。村民看到跑了过来,赶紧打电话告诉了小花的父母,并将小花送到了村卫生所,万幸的是,眼睛没被刺伤。

野外玩耍安全

安全提示

用镰刀收割过的玉米茬，一般都有20厘米高，并且又硬又尖。在这样的玉米茬地行走时，一定要小心慢行，不要追逐嬉闹，避免被玉米茬绊倒刺伤。

玩充气城堡防受伤

村里过庙会唱戏，有人在戏台旁边的碾麦场，安置了一个儿童充气城堡。村里的小孩子，感到新鲜好玩，便向家长要了钱，跑过去买了票。5岁的男孩小哲看到大家玩得这么开心，也跑过去玩。小哲同小伙伴们，在充气城堡上高兴地蹦呀跳呀！大家还比赛翻跟头。越来越多的小朋友，买了门票爬上充气城堡玩。就在小哲翻了一个跟头，还没有来得及爬起时，10岁的小猛跑过来，被小哲绊倒在地，结果又有多位小朋友，被陆续绊倒在地。他们全压

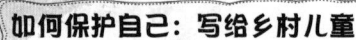

在了小哲的身上，等在一旁玩手机的家长们，闻讯赶来，救起被压在最下面的小哲，送到医院后，经诊断，小哲的脊椎严重受伤。

安全提示

充气城堡是一种充气游乐设备，小朋友都非常喜欢。可是存在着安全隐患，近年来也发生过不少充气城堡上的踩踏事故，或被大风吹翻摔伤小朋友的安全事故。在有大风的天气，小朋友一定不能玩充气城堡。玩充气城堡时，一定要注意安全，防止踩踏事故发生，当充气城堡上的人太多时，最好不要挤上去玩。

9 不轻意触摸不认识的植物

周日的下午，小叶跟着妈妈去菜园摘黄瓜。小叶在菜园旁边的大路上玩。大路边有好多漂亮的小花和小草，小

叶跑过去摘了一把,拿在手中玩。

这时,小叶发现了一只在草丛中的青虫,便拿着一截树枝去挑这条青虫。一不小心,右手手背碰到了不知名的小草的叶子,谁知手背立刻感到了一种灼烧般的痛,痛得她哇哇大哭了起来。妈妈听到哭声跑过来一看,原来小叶的手背,触摸到了荨麻的叶子,已经开始发红发肿。荨麻的叶子蜇毛有毒性,妈妈只好带她去镇上的医院看医生。

安全提示

小朋友们一定要牢记,有些植物的茎叶具有毒性,虽然没有食用,但也不能触碰,否则自己会受伤。不认识的植物,尽量不要触碰它,更不能食用。

不能玩草木灰

和其他广大北方农村地区一样，蒙蒙的家里，在寒冷的冬天，是用枯叶和枯树来烧土炕取暖的。

每过一段时间，土炕下面的灶膛和烟道里面，会塞满草木灰。要用锄头等将这些草木灰扒出来，烧火才会烧得旺。这些草木灰可是上好的农家肥。

这个星期天，爸爸用锄头将土炕里面的草木灰，全掏了出来，装进化肥袋里，再用摩托三轮车，拉到果园里，倒在果园边上，打算明年给果树施肥用。

爸爸妈妈都在剪枝条，蒙蒙一个人拿着玩具汽车玩。她先用玩具汽车拉了一会儿土，这时她发现了旁边又松又软的草木灰，就用手抓了起来，往玩具汽车上装。这时蒙蒙挖到了一个还没灭尽的炭火，痛得她哭了起来。爸爸和妈妈跑过来一看，蒙蒙的手掌被烧出了几个水疱，他们只好停下手里的活儿，带蒙蒙去看医生。

野外玩耍安全

安全提示

刚从土炕灶膛或烟道掏出来的草木灰里,很有可能有还在燃烧的炭火。家长要提醒孩子,不能玩草木灰,就算里面没有燃烧的炭火,如果刮起一阵大风的话,会轻易将草木灰吹进眼睛里,损伤眼睛。

如何保护自己：写给乡村儿童

别在河滩睡觉

村子边有一条小河流过。河边柔软、平坦、宽广的河滩，像一张铺开的大床，是村里男孩子们的乐园。大家常在河滩上，练习翻跟头、摔跤，练习跳高、跳远，别提有多好玩了。

星期天的早上，小雷和小舟喊上小哲和小卓，他们4人一起来到河滩上，先是两人一组，练习摔跤，然后学着电视剧上的大侠，比画着练起了"功夫"。

不一会儿，太阳躲到了白云后面，天阴了下来，空中涌起了团团黑云，并听到有隐隐的雷声传来，看样子要下雨了。

大家都玩得意犹未尽，谁也不肯离开。

过了两个小时，乌云散去，太阳重新钻出了云层。小雷他们4个人玩得太疯了，累得浑身没有了力气，于是4人都躺在了柔软的沙滩上呼呼大睡了起来。就在他们做着香甜的美梦时，小河的上游地区，刚下了一场暴雨。雨水

流进河里,汹涌而下。这时正好是中午,村民们都回家吃饭或休息了,因此河滩上除了睡大觉的4个小孩子外,再没有其他人。

浑浊的洪水顺流汹涌而下,河滩马上被淹入水底。小雷他们正睡得熟,来不及挣扎呼喊,就被洪水卷走了。第二天早上,小雷他们4个人,出现在了下游20千米外的河滩上,不过他们已经永远停止了呼吸。

安全提示

河滩是孩子最喜欢去的地方之一。不过家长一定要告诉孩子,尽量少在河滩上逗留,千万不能在河滩上睡大觉,尤其是易发阵雨或雷阵雨的夏天,以防上游下雷阵雨发洪水,给下游河滩上的人带来灾难。

如何保护自己：写给乡村儿童

12 不能随便采摘果子

吃过午饭，小香和小艳一起去上学。上学途中，她们要路过几片果园。

就在她们经过一片杏园时，看到了果树上像玻璃珠般大的绿杏，从绿叶丛中探出头来。正好这时是中午，附近没有人。不过在靠近大路边的一棵杏树枝头上，有一块用细绳子挂起来的小木板，上面用毛笔歪歪扭扭写着"喷过农药，请勿采摘！"几个大字。

"我们快去上学吧！这杏喷过农药，不能吃。"小艳催促小香。

"这是大人们哄小孩子的把戏，根本就没有给杏喷过农药呢！就算喷过农药，一过几天，吃了什么事也没有。你说现在的水果和蔬菜，哪样不喷农药呢？大家不是都在吃吗？你不吃我吃。"小香钻进杏园里，摘了两口袋杏，美滋滋地吃了起来。

小艳见状，也钻进杏园里，摘了两口袋杏，边走边吃。

　　她们刚走到教室门口，口袋里的杏还没有吃完，就口吐白沫不省人事了。同学们喊来老师，将她们送到了医院。虽然经过了一番抢救，但小香吃得杏子过多，中毒身亡，而小艳捡回了一条命。

安全提示

　　在水果生长的过程中，要经常喷洒农药。小朋友们在未经主人同意的情况下，一定不能随便采摘果子吃。更何况挂有喷洒农药告示牌的果园，坚决不能采摘。就算没有喷洒过农药的水果，随便采摘也是不对的。

如何保护自己：写给乡村儿童

不能用弹弓乱射子弹

小勇有一把弹弓，随时带在身上。农村里到处是可以为弹弓做子弹用的小石子，这为小勇提供了充足的子弹。

一有机会，小勇就从口袋里拿出弹弓，随手从路边捡起一颗小石子，去打枝头的果子、小鸟。时间一长，熟能生巧，小勇几乎能百发百中。小伙伴们送给小勇一个外号"神枪手"。小勇当然非常高兴。

父母告诫小勇不要再玩弹弓，万一打中人，将会闯大祸。可小勇仍在偷偷地玩，不过他绝不在对面有人的情况下用弹弓射石子。

这天下午放学后，小勇像往常一样，一个人悄悄地来到村边的树林里，拿出弹弓，装上一粒小石子，瞄准枝头的一只小鸟，只听到"嗖"的一声，小鸟被打中掉在了地上。小勇非常得意，这时他在前面不到10米远的一棵桐树上，发现了一只小松鼠，正爬在桐树粗壮的树身上。小勇再次拿起弹弓，装上小石子，瞄准小松鼠。石子飞快地

射了出去，小松鼠动作敏捷地逃走了，石子打在桐树的树身上，反弹了回来，小勇的脸蛋上马上出现了一个伤口，血流了出来。小勇感到脸上火辣辣地痛，最后被大人们带到医院，伤口缝了几针。

安全提示

农村很多小孩子，尤其是男孩，都喜欢玩弹弓。小朋友们知道，玩弹弓很容易误伤别人和自己。当石子被弹弓射到对面的物体上时，石子会反弹过来伤人，这一点很多小朋友都想不到，所以，不能用弹弓乱射子弹。

如何保护自己：写给乡村儿童

不能在草丛里睡觉

暑假的一天早上，小静要跟着爷爷去菜园里锄草。

到了菜园后，爷爷趁太阳还不太热，就忙着锄草，小静在菜园中，一会儿抓蝴蝶，一会儿摘野花玩。快到中午时，跑着玩了半天的小静，感到非常困，就躺在草丛中睡着了。正在锄地的爷爷，还以为小静正趴在草丛中抓虫子玩呢！

小静睡着后，一只小虫子悄悄钻进了她的耳朵里。可能它将小静的耳洞，当成了自己的洞，钻了进去吧。

爷爷走过来，找到了睡在草丛中的小静，摇醒她一起回家吃饭。这时小静感到自己的耳朵不舒服，说好像有虫子在不停地爬动。奶奶用棉签去掏小静的耳朵，掏得小静眼泪直流，可什么也没有掏出来。虫子好像钻得更深了，小静感到耳朵里面痛了起来。爷爷和奶奶这下慌了，带着她连忙去医院，经过医生的一番努力，才将一只小虫子，从小静的耳朵里取了出来。

野外玩要安全

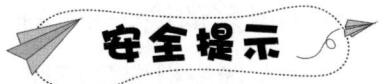

安全提示

小朋友在野外的草丛里玩时，玩着玩着会很容易睡着，这时会有小虫子，趁机钻进耳孔和鼻孔，对身体造成伤害。所以，小朋友们，千万不能在草丛里睡觉，以防被虫子钻进耳朵和鼻孔或被叮伤。再说直接躺在草丛中睡觉，土壤里湿气大，对身体也不好。

不用棍子打闹着玩

小恩家种了3亩向日葵，到了向日葵成熟的季节，小恩父亲将向日葵秆，拉了回来，堆放在院子里，等晒干后当柴烧。

一天下午放学后，小恩用这些向日葵秆，做了一把手枪。他拿着这把手枪来到大路边，马上就吸引了小伙伴们的目光。

如何保护自己：写给乡村儿童

小伙伴们便一起来到小恩家的院子里，干脆每人选一根向日葵秆，作为长枪，大家一起玩起了"打仗"的游戏。于是一群小孩子，每人拿着一根两米左右的向日葵秆，戳戳点点抢来抢去，比画了起来。大伙儿越玩越起劲，将自己想象成了电视剧中武功高强的人物，手中的棍子越抢越欢。只听见小恩"哎呀"一声，丢下棍子用手捂住了眼睛。原来小伙伴的棍子，无意中戳到了小恩的一只眼睛。小恩爸爸带着小恩，在医院住了一段时间，才治好了那只受伤的眼睛。

安全提示

小男孩在一起，最容易打打闹闹。但是当他们都拿着长棍子，一起玩游戏时，就很危险了，容易戳伤别人或自己的眼睛。所以，小朋友是不能拿着长棍子打闹着玩的。

野外玩耍安全

秋千不能荡太高

　　村边上有一个村民自己搭建的秋千。这个秋千的架子是用两根大树做成的，近10米高。在农闲时，村里的大人们（绝大多数是小伙子），也来这里荡秋千。一到农忙季节，秋千便闲置了下来。

　　写了一阵作业的小正和小俊，在村子里溜达，不知不觉中来到了村边上的秋千跟前。这时的秋千前空无一人。

　　"我们来玩秋千吧！我先上去，你在下面推一下我。"小正和小俊以前曾多次观看过大人们荡秋千，他的想法得到了小俊的赞同。

　　小正站上蹬板，小俊在旁边用力推了一下。站在蹬板的小正，开始荡起了秋千。小正双腿用力使劲蹬呀蹬！秋千荡得越来越高，小正只听到呼呼的风声从自己耳旁吹过，于是越蹬越来劲。就在秋千荡到最高点时，小正感到胳膊和腿酸痛，不经意的一松手，便从秋千上摔了下来，一条胳膊摔成了骨折，经过治疗，休息了几个月才康复。

如何保护自己：写给乡村儿童

安全提示

荡秋千是深受小朋友们喜爱的一种运动。但小朋友只能在有大人陪护的情况下玩儿童秋千，并且不能荡得太高，否则的话，一旦摔下来就会被摔成重伤。

天热不去河边野泳

有一条小河从村边流过,由于最近一段时间没有下雨,河水流量减少,大部分河床裸露在外。

在一个天气炎热的中午,趁大人们在睡午觉,小恒约上小航,一起来到小河里游泳。

刚开始他们在河边水位浅的地方游,由于水位较浅,他们坐在河里,水位刚好淹没腰部。

这时小恒发现不远处有一个采沙形成的深水潭,就招手对小航说:"我们到深水里游吧!老坐在浅水区多没意思。"

小航走过来,看到有些淡绿色一眼望不到底的深水潭,有些害怕和犹豫。

小恒激将小航:"胆小鬼,你不敢去我去。你就继续坐在浅水区玩吧!"说完,小恒转身就跳入了深水潭。

看到小恒游得非常开心,水性不太好的小航,也跳了下去。可他没游几分钟时间,就感到双腿抽筋,扑腾了几

如何保护自己：写给乡村儿童

下，就慢慢沉入了水底。小恒发现情况不妙，便游过来拉小航，慌乱之下的小航，死死抱住小恒的一条胳膊，使他也没法游。两个人呛了几口水后，一起沉入了水底。黄昏，在河边清洗粪桶的村民，发现了漂浮在水面上的小恒和小航，他们早已没有了任何生命迹象。

安全提示

每年夏天溺水身亡的小孩子很多，可每年夏天这样的悲剧还在持续上演，不能不让人深思。小朋友们千万不能独自去河里或池塘游泳，因为这些地方不安全，会有一些深水潭，一旦掉下去，就有生命危险。

不捅马蜂窝

小飞、状状和超超 3 位小伙伴,一天下午放学后,一起赶着家里的羊,去村边的树林里放。

他们发现一棵粗壮的核桃树的树梢上,有一个篮球般大的马蜂窝,便决定捣掉它,捅下来看看里面是什么样。超超捡来一堆石头,扔向树梢去砸马蜂窝,可总也打不中。小飞从树林里找来一根长木杆,对着马蜂窝,一阵乱抽乱捅。受到惊扰的马蜂,倾巢而出,成群结队,顿时黑压压地飞出窝来,直扑小飞、状状和超超,吓得他们 3 人夺路而逃。可他们跑不过来势凶猛的马蜂群,没跑多远,就有马蜂追上了他们,对着他们一通猛蜇,痛得小飞他们抱着头满地打滚大叫。附近干活的大人们,闻讯拿着树枝冲了过去,对着马蜂一阵狂拍,才驱赶走了这群马蜂。

小飞、状状和超超被马蜂蜇得全身发肿,送到医院后输了几天液才消了肿。

如何保护自己：写给乡村儿童

安全提示

马蜂可以蜇伤人，甚至发生过马蜂蜇死人的事件。小朋友们一定要远离马蜂窝，小孩子们贸然行动捣掉马蜂窝，很容易被蜇伤，甚至有生命危险。

不要爬野山

星期天,小宾、小怡和小美去爬村附近的一座野山。

刚开始她们仨还手拉手走在一起,可当爬上山路看到美景后,三人马上各自拿出手机和相机,拍起了照片。

体弱和忙着拍照的小怡跟小美在后面,累得气喘吁吁,小宾则兴致勃勃地在前面。当他爬到半山腰时,无意中踩动了山路上的一块大圆石头。大圆石头"轰隆隆"地顺着山坡滚了下来,在惯性的作用下,越滚越快。小怡正拿着手机,全神贯注地站在山路边给一棵松树拍照。对快要滚到面前的大石头浑然不觉,就在这时,这块大圆石头,从上面滚了下来,正好砸中了小怡的脑袋,小怡当场身亡。

登山是一种既能锻炼身体又能观赏美景的活动,可在

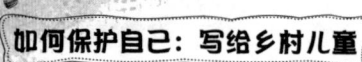

如何保护自己：写给乡村儿童

登山的过程中，也隐藏着危险。家长要教育孩子，在登山过程中，一定要留意头顶，如果有动物或游人踩动了大石头，大石头往下滚动时，一定要立刻找到安全地带躲起来。

不能攀爬电线塔

一座高大的银色电线塔，像一位钢铁巨人一样，站在小亮家的果园里。几根高压线，经过电线塔外，又伸向远方的另一个电线塔。

下午放学后，小亮跟着爷爷，去果园给果树喷洒农药。一到果园，爷爷就背着喷雾器，忙着干活去了。小亮一个人在果园里玩。

小亮家的这块果园地形比较狭长，爷爷去果园的那头喷农药了。小亮一个人在果园的这头玩，他坐在果树下玩土。这时他听到头顶有一阵小鸟的叫声，小亮抬头一看，原来在自己家果园的电线塔上，有一个鸟窝，鸟窝里有几只小鸟。小亮灵机一动趁爷爷不在，爬上电线塔去掏鸟

窝。鸟窝就在离高压线不远处的铁板上,小亮往上不停地爬呀爬,当他爬到鸟窝的位置后,手不小心碰到电压线,触了电,直接从电线塔上掉下来,当场死亡。

很多农村的小孩子都喜欢掏鸟窝,但在电线塔上的鸟窝是不能掏的,因为小鸟在搭窝时,往往搭在电线塔的顶端,在离高压线很近的地方。小朋友们一定要明白,爬上电线塔去掏鸟窝,是一件非常危险的事情,很有可能发生生命危险,所以绝对不能爬上电线塔去掏鸟窝。

不攀爬电线杆旁边的树

一天下午放学回家后,小忠发现家里的大门挂着锁。他这时才记起,吃午饭时母亲告诉他,母亲下午要去田里锄玉米。母亲让小忠下午放学了,不要到处乱跑,直接去

如何保护自己：写给乡村儿童

村子东边的玉米地找她，帮着干农活。小忠背着书包，走到半路上，发现了路边一棵高大椿树的枝头，有一个大鸟窝，而且两只大鸟刚离开鸟窝。小忠将母亲的话抛在了脑后。他要爬上这棵大树，去掏鸟窝。而这棵高大椿树的几根树条和旁边电线杆上的高压线，离得很近。在刮大风的情况下，椿树的枝条会被风吹到高压线上去。当小忠爬上椿树时，椿树的几根枝条恰好被吹到了高压线上。高压电流通过树条，不断地向树枝传导。正爬在椿树上的小忠，感到全身一阵发麻，从树上掉了下来，不省人事。路过的村民，将小忠及时送到了医院，所幸高压线向椿树上传导的高压电流不多，小忠只是从高处摔下来，摔伤了腿和肩膀。

安全提示

由于树身有水分，所以树是一种导体，能传导电流。长在电线杆旁边，枝条触碰上高压线的树，是非常危险的。小朋友们一定记住长在电线杆旁边的树坚决不能爬，以防触电后从树上摔下来受伤。

野外不能生火

星期六的早上,小可和小江,赶着自己家里的两头黄牛,来到村子后边的山脚下放。山脚下的田地里,由于石块太多,村里只往地里栽了花椒树。而花椒树上有刺,牛是不会吃花椒树的,所以这里成了全村人放牛的"牧场"。

当两头黄牛在低着头认真吃草时,小可和小江站在一块大石头上,发现了远处的一块土豆地,现在正是土豆收获的季节。小可和小江不约而同地说"烤土豆吃"。两人分工明确,小可去刨土豆,小江去捡枯树枝和杂草来生火。

由于最近半个多月没有下过雨,天干物燥,他们在山脚下,很容易地生火烤起了土豆。而旁边是一片柏树林和一片长满杂草及灌木的荒地。一阵阵风吹来,几粒火星进入旁边干枯的杂草中,马上燃烧了起来,白烟滚滚,天干物燥,火借风势,越烧越大。小可和小江他们见闯祸了,马上抄起棍子,朝着火扑打了起来。可是火势已经蔓延到

如何保护自己：写给乡村儿童

了柏树林，带有油脂的柏树叶，"毕毕剥剥"地燃烧得更加猛烈。又一阵大风吹来，火舌烧焦了小可和小江的头发及眉毛。浓烟呛晕了他们，他俩倒在地上不省人事。两头黄牛见到火，发疯地逃走了。附近干活的村民，看到升起的浓烟和狂奔的黄牛后，赶了过来，救起了晕倒在地的小可和小江，并喊来了村里的人，直到天黑时才扑灭了大火。幸运的是，小可和小江最后醒了过来，并无大碍。

安全提示

　　小朋友在野外生火引发的火灾事件，屡见不鲜。尤其是天干物燥和有风的天气情况下，很容易引发火灾。野外的火灾，不仅会对小朋友自己的生命造成严重威胁，还会对人们的财产造成严重损失，所以小朋友千万不能在野外生火。

没有大人陪同不去人多的场所

听说在邻村的村委会大院子里,晚上有表演杂技和气功的节目。小京的晚饭只吃了一半,就丢下碗筷,喊上小顺和小福,3个人高高兴兴地一起去邻村看表演。

虽然电视早在农村普及了,可是现场表演杂技和气功的节目,对很多大人、小孩还是有吸引力的。

好在去邻村的路并不远,没用多长时间就到了。等小京、小顺和小福到了邻村村委会院子,那里早就围满了观众。小京他们3个小孩挤不进去,只能站在人群后面干着急。这时节目表演开始了,当一位耍蛇人表演耍蛇节目时,出现了意外。那原本缠在耍蛇人身上的茶杯般粗的蛇,忽然挣脱了耍蛇人的手,向观众中蹿去。人们在发出一阵尖叫声后,便转身向后拼命逃去。

来不及跑或跑得慢的人被冲上前来的人撞倒在地,小京、小顺和小福,还没有弄清是怎么一回事,就被奔跑而来的人挤倒在地,被踩在了脚下。在这次踩踏事故中,包括小京、小顺和小福在内的 10 多人,被人踩、撞成重伤。

近年来,踩踏事故频见报道。在人多的地方,更容易发生踩踏事故。因此,小朋友们在没有大人陪同的情况下,最好不要去人多的公共场所,以防发生踩踏事故。

穿着凉鞋不奔跑

炎热的夏天来了,村里的小朋友们,纷纷穿起了凉鞋、背心和短裤。

小童穿着一双露出脚指头的凉鞋,在村子的大路边玩。当他来到碾麦场时,看到一群小伙伴在踢足球,大家玩得热火朝天,非常开心。小童便站在碾麦场旁边一棵柿子树的树荫下,在一旁观看。

踢足球的小伙伴们,便让小童也过来,同大家一起

踢。小童看了看脚上的凉鞋说:"我回家换上运动鞋再来踢。"

谁知小伙伴说:"小童,你家太远了,来踢吧,怕什么,你又不是没穿鞋子。"

被大家这么一说,小童穿着凉鞋就上阵了。一到足球场上,他早忘记自己穿着双凉鞋,在碾麦场上拼命地跑呀跑。

足球飞到了小童的脚下,他便飞起一脚,想来一记大力射门。却不小心一脚踢在了地面一块凸起的石头上,顿时脚趾甲都翻起来了,流了很多血。

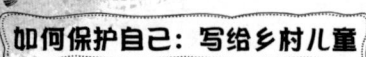

如何保护自己：写给乡村儿童

穿着凉鞋和拖鞋时，是不能进行激剧烈运动的，否则很容易使脚趾甲受伤。小朋友们要谨记，如果要进行激烈的运动，一定要穿上运动鞋或包脚趾的平底鞋。

别用手直接挖泥巴

星期天的早上，小冰跟着爸爸，来到山脚下的菜园里。爸爸在菜园干活，小冰来到菜园旁的一条小溪边玩。小溪有许多从山坡上被雨水冲下来的泥巴。

小冰用手挖起一小团泥巴，发现泥巴细腻柔软，非常适合捏泥娃娃，她平时最喜欢捏泥娃娃了。捏完一个泥娃娃，她继续用手指头来抠泥巴，却忽然感到手指头一阵剧痛。她将手指头伸到眼前一看，上面出现了一道伤口，鲜血正在不断地流出来。而刚才就在她挖过的泥巴中，有一

小块玻璃碎片在闪光。原来当小冰挖泥巴时,她的手指头碰到了一块锋利的玻璃碎片,手指头顿时被割出了一道伤口。在菜园里干活的小冰爸爸,听到哭声马上跑了过来,带她回家去包扎了伤口。

安全提示

好多小孩子都喜欢玩泥巴,而农村的泥巴随处都是。可在挖泥巴时一定要注意安全。小朋友们在挖泥巴时,不要直接用手去挖,而是用铲子或其他工具挖,确认泥巴里面没有玻璃碎片或石片后,再玩泥巴。如果直接用手挖泥巴,很容易弄伤手。

26

别碰锋利的镰刀

小荷的家里，养着10多只小白兔。小荷的爷爷，每天早上都要拿着镰刀和绳子，去村边上的果园里为小白兔割一大捆青草，然后背回家喂小白兔。

爷爷每次割青草用完镰刀后，都要在院子里一块光滑的磨刀石上，将镰刀刃磨得锋利无比银光闪闪，然后再将它挂到墙角上的一截粗绳子上面。

这天是星期天，小荷要同爷爷一块去果园里给小兔子割草，小荷就在旁边玩。

过了一会儿，爷爷将镰刀立在一棵树下，去旁边小便了。小荷便悄悄拿起镰刀，学着爷爷的样子，右手紧握镰刀，左手搂来一把青草去割。谁知小荷的右手力气不够大，拿在右手里的镰刀并没有割断青草，而是顺着青草的草茎滑了下来，割在了左手的手背上，割了一条大伤口，流了好多血，痛得小荷哇哇大哭。爷爷用衣服包好小荷的左手，赶忙将她带到村里的诊所，缝了好几针。

野外玩耍安全

安全提示

小孩子在碰锋利的镰刀等这些农具时，很容易误伤自己。因此，家里锋利的农具，小孩子是绝对不能碰的，尤其是用来割草的镰刀等农具。

如何保护自己：写给乡村儿童

别踩长满青苔的石头

村子后面的山脚下，有一条清澈见底常年有水的小溪，溪边有好多大小不一的石头。小溪里有小鱼，村里的小孩子常常前去抓鱼，用瓶子带回家养起来观赏。

溪边的石头由于长年泡在溪水里，又在南山脚下，常年难以见到阳光，所以溪边的很多石头上长满了绿茸茸的青苔。

周末的一个下午，小炜约上小宇，带上玻璃瓶子，去小溪边抓小鱼。他们脱下布鞋放在岸边，卷起裤腿，光着脚丫去抓。别看这些小鱼只有麦秆般细，可是在溪水里游起来速度很快，非常灵活。为了能抓住这些小鱼，小炜和小宇拿着玻璃瓶子，猫着腰在溪边小跑了起来。不料小宇只顾着抓鱼，一脚踩在了一块长有青苔的光滑石头上面，脚下一打滑，身体马上失去了平衡，重重地摔倒在地，脑袋正好摔在了一块有棱角的石头上，血流如注。

野外玩耍安全

安全提示

踩在长有青苔的石头上，很容易摔倒在地受伤。小朋友们碰到有青苔的石头，一定要绕行，以免滑倒摔伤。

乡村交通安全

如何保护自己：写给乡村儿童

1

经过草深小路先打草

每当桃子成熟的季节，大人们从早到晚都要忙着卖桃子，而小孩子们在下午放学后，也要帮家长摘桃子、卖桃子。

小斌家的桃园旁边，有一条村民浇水用的水渠。这条水渠里经常有水，渠旁杂草长得格外茂盛，村里常有牛羊来吃草。小斌家的桃园就在水渠旁边，有些桃枝，已经伸到了水渠的上方。所以摘这些枝头上的桃子时，要站在长满杂草的水渠上。

这天村里的公路边来了几辆收桃子的大货车，桃子行情看好，桃子价钱上涨不少。小斌一放学，就直奔桃园摘桃子。爸爸和妈妈连午饭都没吃，都忙着摘桃子呢。小斌也赶紧提着篮子来帮忙。小斌摘了几个桃后，来到了杂草深过膝盖的水渠旁。正摘得起劲时，他感到自己踩到了一团软乎乎的东西，随后脚面一阵痛，小斌抬脚一看，顿时吓得失声尖叫，原来他刚才踩在了一条红黑相间的小蛇身

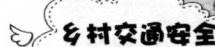

上。爸爸听到叫声不知从哪抄来一根棍子,急忙赶过来,顺手将小蛇打死了。然后带上死蛇,将小斌送到了镇上的医院。医生辨认了死蛇后,说蛇无毒,只要进行简单的消炎处理就行了,大家这才松了一口气。

安全提示

在杂草茂盛的田野里,蛇很有可能藏身其中。小朋友们要经过长满茂盛杂草的地方时,一定要先用棍子抽打杂草,这叫"打草惊蛇",吓跑蛇才能通过,防止被蛇咬伤中毒事件的发生。

如何保护自己：写给乡村儿童

2 别在马路上玩耍

在外打工多年没有回家的爸爸，前几天突然回家了，他给小军买了一双溜冰鞋。

小军早就想要一双溜冰鞋了，这次别提他有多么开心啦！小军每天放学后，都在自己家的院子里练习滑溜冰鞋，经过几天的学习，终于可以穿着溜冰鞋勉强往前滑了。

这天正好是星期六，小军喊上小文，带上溜冰鞋，一起到村委会的水泥地院子里练习。哪知到了村委会院子，顿时傻了眼，原来水泥院子里，早有村民在晒玉米。他们只好戴上护具穿上溜冰鞋，去村里的大路上练习，可大路是土路，坑坑洼洼，一点也不平坦，根本不能滑。

"干脆我们去村边的马路上练习吧！那里又光滑又平坦。再说平时经过的车辆也不多。"小文提议。

有一条柏油马路，从村边上横穿而过。

小军马上同意了。他们来到村边的柏油马路上练习。

正当小军在马路边滑时，一辆面包车迎面而来，小军慌乱之下，停不下来，竟冲向面包车，虽然面包车情急之下马上减速，但惯性太大，小军还是被撞了出去，重重摔倒在地，多个部位骨折。

安全提示

虽然农村马路上的车辆要比城里少很多，但小朋友们要知道，马路上是绝对不能玩耍的，哪怕是在过马路时，都要小心翼翼，以免车祸发生。

如何保护自己：写给乡村儿童

不乘坐超载的交通工具

小雨的家在大山里，交通非常不便。每到周末时，刚上初一的小雨就要和同学们，付费乘坐村里载人的面包车去镇上的中学上学。当然从学校回家时，由于路途太远，也要坐车回家。

这个周末的中午，小雨和小涵，在路边等呀等！等了好长时间，终于等来了一辆面包车，可车厢里面塞了满满一车人，明显超载了。司机为了多挣钱，超载也无所谓。

"小雨，要不然我们等下辆车吧！这辆车上的人超载了。"小涵有些担心。

"可是，如果我们不坐这辆车的话，就赶不上晚自习了，要被老师批评的。挤挤吧，没事的。"小雨不以为然。

小涵想了想，带着侥幸的心理和小雨挤上了这辆面包车。严重超载的面包车，在陡峭的山中公路上，缓缓地前行着。由于刚下过雨，路面有些泥泞。

在一个拐弯处，司机没打好方向盘，面包车翻了。酿

成了 2 死 36 伤的悲剧。小雨和小涵的胳膊，被摔成了骨折，还有两位小女孩，和她俩年龄相仿，等被送到医院时，已没了任何生命体征。

安全提示

每年发生的交通安全事故中，因为超载而发生的安全事故，占了相当的比例。因此，小朋友们，超载的交通工具不能坐，发现醉驾和没有驾照的司机，也不能乘坐他们的交通工具，以免发生交通事故。

如何保护自己：写给乡村儿童

4

远离正在倒车的车辆

小鑫家里有一辆农用三轮车，小鑫爸爸去地里干农活时常开着它拉东西。

一天中午放学后，爸爸刚开着三轮车从田里干活回来。因为下午还要去田里干活，所以就将三轮车顺便放在了院子门口的大路边。

吃完午饭后，小鑫的妈妈在厨房洗碗。准备去田里干活的小鑫爸爸，走到院子门口，发动起了三轮车，在他挂了退挡，准备退车掉头时，顽皮的小鑫悄悄地从院子里溜了出来，一个箭步，攀上了三轮车的车厢。由于发动机正在运转噪声太大，小鑫爸爸没有发现小鑫正在攀爬车厢。当他正在往后倒三轮时，小鑫没有防备摇晃了一下从车厢后面掉在了地上。而掉落的地方正是司机的视觉死角，看不到车厢下面，这时农用三轮车还在往后倒退，一只轮胎直接从小鑫的胸部碾了过去。等小鑫的爸爸发现情况不对劲，停车下来才发现了倒在血泊中的小鑫。

乡村交通安全

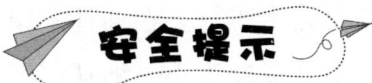

安全提示

随着经济的发展，农用三轮车代替了木板车，已在农村普及，随之而来的是，每年都会发生许多和农用三轮车相关的意外事故。小朋友们一定要注意，当农用三轮车或其他车辆发动后，尤其是在退车时，一定要远离这些机动车辆，因为机动车辆都有盲区，如司机很难看到车后面的人或物。

大雪过后绕行大树

这是今年冬天的第一场雪，纷纷扬扬，飘飘洒洒，连续下了两天一夜。等到雪停后，到处银装素裹，就像走进了雪白的童话世界。大山穿上了一件厚厚的白色棉袄，地面上铺了一层厚厚的白雪，树上也落着一层厚厚的白雪。孩子们高兴地在雪地里堆雪人、打雪仗。

如何保护自己：写给乡村儿童

中午放学后，小翠背着书包，慢慢地往家里走去。地上的积雪被行人踩踏过，开始变得光滑难行。在通往家里的大路边，栽着一行松树，就在小翠低着头小心地从一棵大松树下经过时，忽然"咔嚓"一声，这棵松树承受不了树上的积雪重量，树枝被压断，树枝和积雪一起落了下

来，重重地砸在了小翠的身上。小翠顿时被压在了下面，旁边经过的村民见状，马上跑了过来，七手八脚地挖开雪团，救出了小翠。

小翠的脸和肩膀，被树枝刮伤了。受到惊吓的小翠，连续发了3天的高烧，身体才康复了。

安全提示

大雪过后，有些树枝会被压断。小朋友们要牢记，碰到路边落满积雪的大树时，尽量绕行，因为这些大树，随时都有可能被积雪压断，砸伤树下的人。

6

不能偷偷钻进车内睡觉

暑假来了,小芬的爸爸,开着私家车,要和邻居去30多里外的渔庄钓鱼。小芬也想去,可爸爸让她在家写作业。趁爸爸收拾东西的机会,小芬悄悄溜进了车内后面的座位。

车还在半路上时,小芬早已睡着了。渔庄到了,小芬的爸爸下车了,可小芬还在车内睡觉呢。

中午,气温越来越高。车内的温度也越来越高,睡在车内的小芬浑身是汗,越来越感到闷热难忍。她醒来后,使劲地拍着车门,想打开车门出去透透气。可车门却被爸爸锁上了,怎么办?小芬这时感到呼吸越来越困难,她拼命地拍打着车门车窗,向车窗外的游人求救。路过的游人,也看到了被困在车内的小芬。跑过来搬起石块砸车窗玻璃,可一时也砸不开。有人这时去找渔庄老板,请他帮忙联系小芬的父母。

当小芬的爸爸被游人找到,回到小轿车前,打开车门时,小芬早已由于中暑和窒息而死亡。

安全提示

放在炎热夏天室外的车子,在阳光的照射下,车内温度会在短时间内升高到 40 多摄氏度,所以待在车内,是非常危险的。小朋友们在没有大人陪同或允许的情况下,是不能钻进车内逗留的,尤其是在夏天高温天气下室外的车内,被困在车内的小朋友,很容易中暑或窒息身亡。

7

不乱骑电动车

小虎下午放学回家后,发现家里多了一辆电动车,原来是一位邻村的亲戚。

看到那些骑电动车的大人们,小虎非常羡慕,他早就想骑电动车了,可父母说他太小,不能骑,等他长大了再骑。可小虎不以为然,一直想着有一天自己骑一骑电动车,好好过把瘾。现在机会来了,小虎打算偷偷地骑着这辆电动车,神不知鬼不知地在村子里转一圈。

趁亲戚和父母在客厅里聊天时,小虎便悄悄地发动了院子里的电动车。电动车像一只离弦的箭一样,向前猛冲了出去,从没有骑过电动车的小虎,这时完全吓傻了,手脚不听使唤,任由电动车向前猛冲过去。只听见"咚"的一声,一头撞在了院子里的砖墙上。撞坏了电动车不说,还摔伤了膝盖和头部。

乡村交通安全

安全提示

不少小孩子，尤其是男孩子，出于好奇心理，趁大人不留神时，总喜欢骑电动车、摩托车，其实这是非常危险的。小朋友心智尚未成熟，骑电动车或摩托车，容易造成严重的事故，所以，绝对不要自己驾驶。另外，大人们骑完电动车或摩托车，一定要记得拔下钥匙。

如何保护自己：写给乡村儿童

不能在摩托车旁打闹

雨过天晴，眼下正是农忙季节，田里的泥土还没有完全晒干，便有村民下田干活了。

村子边上的土路旁边，停放着一辆干农活的村民的摩托车，是用大脚撑支起来的。

下午放学后的小光和一群小伙伴，每人提着一只竹篮子，来村边的田地里扯猪草。

走在半路上，大家你追我赶打闹了起来。小光跑在前面，后面的一群小伙伴，要抓住小光刮鼻子。眼看小光就要被抓住了，他看到了停在大路边的摩托车，便连忙跑过去，躲在了摩托车后面。于是一群小孩子，围着摩托车，追着打闹了起来。有人在无意中推了一下摩托车，由于刚下过大雨，地面潮湿松软，摩托车的脚撑支撑不住，三四百斤重的摩托车马上失去平衡，倒了下去，将来不及躲闪的小光砸在了下面，导致右腿骨折。

安全提示

　　停放在松软地面上的摩托车，由于本身较重，很容易倒在地上。小朋友围绕停放着的摩托车打闹，是非常危险的。所以，千万不能围着停放的摩托车打闹，或爬上停着的摩托车，以防被倒下的摩托车砸伤。另外，家长在停放摩托车时，一定要停放在地面坚硬的地方，不能停放在土质松软的地方，否则，摩托车很容易失去平衡，砸伤行人和小孩。

站在马路边等人要小心

　　听妈妈说在外打工一年的爸爸今天要回家，激动不已的小杰，一大早。就来到村口的马路边等爸爸。可小杰伸长脖子，眼巴巴地在马路边等了半天，左等右等，也不见爸爸的影子。

如何保护自己：写给乡村儿童

这时一辆装满小石子的卡车驶过，在离小杰不远处的马路边，掉下了几粒石子。紧接着后面又有一辆面包车，快速行驶过来。面包车的一个轮胎边沿，恰好碾在了这些刚从车上掉下来的几粒石子上面。在轮胎和路面合力的作用下，路面上受到挤压的一粒石子，像子弹一样射了过来。正好击中了小杰的额头，痛得小杰用手抱着额头叫了起来，血从他的手指缝里流了出来，小杰被紧急送往了医院，他的额头被缝了好几针。

安全提示

有不少儿童的受伤事故是突发性的，会在让人难以预料的地方和时间发生。小朋友们知道，在农村路段的马路边站着，当发现路面上落有石子时，如果在没有机会捡起石子的情况下，应离马路有一段距离，不能直接站在马路边，这样做，不仅是为了防止被行驶而过的车辆剐伤，更是为了避免被行驶而过的车辆轮胎弹起的石子误伤。

如何保护自己：写给乡村儿童

1

在学校被"擂肥"，该如何应对？

小龙是一名小学六年级的学生。有一天，他突然无缘无故不肯上学，经父母再三询问，才知道他在学校遭同学"擂肥"，已持续半年有余了。

小帅是一名初二的学生。有一段时间，他家里经常丢东西，其中丢的最多的就是烟酒。后来，他父母发现，所谓"丢东西"其实是小帅偷偷地拿出去送人了。问他为什么要这样，小帅只是哭，什么也不说。很显然，小帅也是被人"擂肥"了。

安全提示

"擂肥"一词常用于南方，通常指小混混、不良少年敲诈勒索中小学生的钱财。

遭遇校园小混混"擂肥"时，同学们一定要勇敢、镇定、冷静、不卑不亢。在"擂肥"者面前既不"抖狠"，

也不害怕。还要及时向家长、老师和警察求助,要相信邪恶终究打不过正义。切不可天真地认为:只要自己满足了对方的要求,对方就会放过自己。这样的想法只会让对方得寸进尺,从而对你实施更大的勒索甚至人身伤害。这种案例在生活中比比皆是。不过,有时为了脱身,先舍弃一些金钱和财物却是明智的。但是,当你舍弃金钱和财物之后,一定要及时告诉父母和老师,否则,你面临的危险将会越来越大!

如何保护自己：写给乡村儿童

如何远离校园暴力？

2017年，四川彭州发生了一起校园暴力事件。据网传视频显示，一位黑衣女生在高处让一绿衣女生站好，在随后的35秒内扇绿衣女生耳光共计14次。随后打人女生又对身旁另一女生进行脚踹、扇耳光等行为。视频中打人女生不断发出"牛皮呦""啥意思"等一些侮辱性语言。

在视频拍摄时，有两位老人从旁边经过，拍摄者对路人说："婆婆你们走快点，别把你们误伤了，这是学校里混社会的。"

安全提示

要避免校园暴力，有很多需要注意的地方，如在班上多交几个知心朋友，放学结伴而行，不走小路，穿着朴素，不争强好胜，多和同学沟通，多和父母交流，学会向老师和父母求助等。除此之外，还有一点很重要，就是要

提高自己的自尊水平,因为很多同学长期被同学欺负,都是因低自尊而引起。

低自尊是发展心理学上的一个概念。它指的是一个人(主要是青少年)因为对自我缺乏认同而过分贬低自己,令自我价值感降低的一种心理状态。低自尊的同学对事物大多持消极看法,只看到坏的一面,看不到好的一面,不敢相信他人,因而在集体中往往处于孤立的境地。

同学们的低自尊常常来自于家庭教育。当一个孩子和

如何保护自己：写给乡村儿童

其他的孩子发生矛盾甚至冲突的时候，做家长的不袒护自己的孩子，这是对的，但是，粗暴地训斥甚至打骂自己的孩子，认为都是自己孩子的错，就很容易令孩子的自尊心降低到正常水平以下。当然，老师也不能歧视班上的某个同学，否则也容易造成他的低自尊。

低自尊的同学也许很难改变父母和老师，但是一定能改变自己。首先，一定要认识到低自尊对自己成长的不利影响。低自尊心理不仅会影响正常的人际关系，严重干扰学习生活，还会对今后的婚姻、事业等方面产生较大的负面影响。其次，要适当提高人际交往中的期望水平——学会让同学们欣赏自己，但也不能期望每个同学都欣赏自己。期望水平过高不好，而期望水平过低，同样有害。提高期望水平，就是针对后者而言的。最后，要学会坦然面对人际交往中的矛盾和冲突，要学会客观地分析矛盾冲突产生的原因：既不将问题全部归咎于他人，也不全部归罪于自己，这样才能逐步改善人际关系。

总之，要远离校园暴力，就必须学会处理校园人际关系，因为校园暴力的本质就是校园人际关系出现危机的表现。

校园安全

骑自行车上学要遵守交通规则

现在,很多平原、丘陵地区的农村学生上学会骑自行车。骑自行车上学要注意哪些安全常识呢?

小学生(特别是小学低年级学生)是不能骑自行车的。根据国家《道路交通安全法》的规定,"在道路上驾驶自行车的必须年满12周岁。"

中学生骑自行车,要遵守交通规则,远离危险。例如,不能带人;不能双手离开车把"秀车技";不要走陌生的路线;见到车辆(特别是大货车)一定要避让。因为农村的公路一般都比较狭窄,所以,遇到大货车,最好是下车,等大货车过去之后再骑行。

另外,还要注意:不打伞骑车;不骑快车;不与机动车抢道;不平行骑车。如遇雷雨、台风、下雪或积雪未化、道路结冰等情况,尽量也不要骑车。

要经常对自行车进行检修。如果父母没时间,可以请修车师傅检修,特别要注意检查刹车。

步行上学也要谨慎

很多孩子上学路上，喜欢边走边看书，有的还喜欢看手机听音乐，有的喜欢边走边聊天，边走边打闹等。其实，上学路上一心两用是十分危险的。

校园安全

安全提示

行走上学路上要注意哪些安全常识呢?

(1)要走人行道;没有人行道的,要靠路边行走。

(2)结伴上学时,不在路上相互追逐、打闹、嬉戏;行走时要专心,注意周围情况,不要东张西望、边走边看书报或做其他事情。

(3)在没有交通民警指挥的马路上,要学会避让机动车辆,不与机动车辆争道抢行。

(4)在马路上行走要注意看信号灯。看指挥灯信号:绿灯亮时,准许行人通行;黄灯亮时,不准行人通行,但已进入人行道的行人,可以继续通行;红灯亮时,不准行人通行;黄灯闪烁时,行人须在确保安全的原则下通行。看人行横道信号灯:绿灯亮时,准许行人通过人行横道;绿灯闪烁时,不准行人进入人行横道,但已进入人行横道的可以继续通行;红灯亮时,不准行人进入人行横道。

如何保护自己：写给乡村儿童

上学、放学不能坐"黑车"

2015年1月22日，郸城县光明中学西校区的学生经学校统一安排，调休回家。因校门口的公交车不多，一些学生便相约乘坐面包车（非校车）回家。当时车上坐了大约十几个学生。在行驶到郸城县快速通道的时候，因路上突然出现行人，司机为了躲避行人，导致交通事故发生，并造成8名学生受伤。

安全提示

要乘车上学的同学，最好乘坐校车。如果没有校车，也不能坐无运营资质的黑车上学。所谓"黑车"一般是一些小型面包车、摩托车。黑车车主在利益驱使下，非法接送中小学生上学和放学回家，很容易造成交通事故，导致中小学生伤亡事件的发生。

现在，不少留守儿童都被父母送到了附近的城镇读

书。因此，搭乘公交车上学，就成为很多留守学生的必然选择。搭乘公交车上学的同学们必须了解以下乘车常识：

（1）上车前先看清公共汽车是哪一路，因为公共汽车停靠站，往往是几路公共汽车同一个站台，慌忙上车，容易乘错车。

（2）待车子停稳后再上车或下车，上车时将书包置于胸前，以免书包被挤掉，或被车门夹住。

（3）上车后不要挤在车门边，往里边走，见空处站稳，并抓住扶手，头、手、身体不能伸向窗外，否则容易发生事故。

（4）乘车要尊老爱幼讲礼貌，见老弱病残及孕妇要主动让座。

如何保护自己：写给乡村儿童

上学途中的稻草屋不能进

周五下午，放学很早。小明、小丽、小勇3个小学生便在回家的途中玩起了捉迷藏。

该小明抓人时，小明用手臂挡住眼睛靠在树干上，开始数数："1、2、3、4……"这时，小丽和小勇开始寻找躲藏的地方。此时的田野，庄稼还不茂盛，躲到庄稼地里

还无法藏身。正着急的时候，眼尖的小勇看到了一个稻草屋。小勇兴奋地指着稻草屋压低了声音叫小丽。小丽看到稻草屋，也很兴奋，于是，他们俩一起向稻草屋跑去。屋里全是干柴和稻草。他们俩连忙躲了进去。但她们不知道，就在他们进入稻草屋的时候，一个路人丢下的一根尚未完全灭掉的烟头被风吹进了稻草屋……

欣喜发现稻草屋的小明只顾高兴地冲进稻草屋找人，却没发现即将引起大火的小火苗。烟头上的火苗点燃了因躲迷藏被撞倒的稻草堆。稻草堆开始发出浓烈的黑烟。他们被烟呛得喘不过气来。慢慢地，小丽意识模糊了。小明和小勇尚有意识，但是正当他们拼命拉着小丽往外跑的时候，屋顶塌下来，将他们3人都压在了下面。

附近的村民发现火灾，赶紧跑来救火。可救火的村民并没有发现有人在屋内。直到大火被扑灭，清理火场，村民们才发现了3具被烧焦的儿童尸体。

安全提示

农村的稻草屋属于无人看管的房屋，平时堆砌干柴、稻草等易燃物。孩子们最好不要到里面玩耍，以防意外事故的发生。

如何保护自己：写给乡村儿童

一个人回家不走夜路

小欣今年 12 岁，是个留守孩子。她每天放学后都要去学校旁边的辅导中心学习。冬天，天黑得很早，她常常在夜色朦胧中回到自己的家。

一天晚上，她又一个人走在回家的小路上。突然，她的身后响起了陌生的脚步声。她快走，后面的脚步声也快走。"完蛋了，我被跟踪了！我被坏蛋盯上了！"小欣在心里想，"他是要钱？还是要命？"她顾不得多想，就拼命跑了起来。谁知那个人紧追不舍，紧紧地跟在后面，仿佛离她只有一步之遥。小欣对自己说："加油！你一定行的！你是一个勇敢的女孩！"于是，她加快速度，将"坏蛋"远远地抛在了后面。

小欣终于安全到家了。原来那个"坏蛋"只是小欣的幻觉！幸亏是虚惊一场。

安全提示

一个小女孩夜晚时走没人的小路独自回家，是很危险的，一定要避免一个人走夜路！

如果遇到了真正的坏人，你必须要冷静，要镇定，不能慌，至少不能让坏人发现你的恐惧。然后再察看周围的环境，看能不能获得其他人的帮助。如果周围没发现可以帮助你的人，就赶快走到人多的地方去，或者是到有电话的地方给家长或警察打电话。

万一遇到坏人一时无法脱身，该怎么办？要学会心理战！不能盲目硬拼，也不能求坏人发慈悲，也就是不要对坏人心存幻想。初中课文中蒲松龄的《狼》就是我们和坏人斗争的最好教材。如果那个屠户一直希望通过给狼一些骨头的妥协方法来保全生命，那他一定会被狼吃掉。幸运的是，他终于认识到狼的本性，勇敢地拿起了他的杀狼刀，将狡猾而残忍的狼消灭了。这个屠户其实是先战胜自己的恐惧，然后才战胜狼的！

假如同学们不幸遇到了恶人，首先要战胜的就是自己的恐惧心理。只有战胜了自己内心的恐惧，你才会敢于斗争。只有敢于斗争，能够智斗，你才会像屠户那样最终获得胜利。

不幸的是，在现实中，因为对坏人心存幻想而被坏人

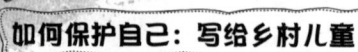
如何保护自己：写给乡村儿童

杀害的案件并不少见。

多年以前，发生过一个悲剧。某初中的一个女生在大街上被小流氓挟持之后，她只知道不停地说好话、求情，希望对方放了她，错失了一个又一个呼喊求救的机会，最后被小流氓残忍地杀害在小树林里。如果这个女同学能像《狼》里面的屠户一样战胜内心的恐惧，看准时机果断地呼喊求救，也许是完全可以避免悲剧发生的。甚至，我们可以猜想：如果这个女生一开始就表现得无所畏惧，也许小流氓根本就不敢贸然侵犯她！

总之，遇到坏人，镇定很重要，而尽量避免一个人走夜路，则是未成年人最基本的自我保护意识。

8

校园消防安全：不点蜡烛，不乱接电线

2017年1月4日晚8时30分左右，某小学教学点的值班人员发现学生宿舍里的6名小学生昏迷。晚9时40分送到医院后，经医生诊断，2名男生和4名女生已全部死亡。死亡原因为一氧化碳中毒。

同学们如果在学校住宿的话，一定要高度重视宿舍的安全问题。

（1）要服从生活老师安排，不得随意调换房间及床位。

（2）不在宿舍区域内追逐打闹，不抽烟，不喝酒，不赌博，不邀请社会青年进入宿舍。

（3）未经生活老师同意，不留校外人员在宿舍内过夜。

如何保护自己：写给乡村儿童

（4）不携带管制刀具进入宿舍。

（5）注意防火，不在宿舍内使用电炉、煤油炉、蜡烛等，不擅自燃烧废物。不乱接电线。灯具破损要请电工维修。

如果宿舍出现火情，并形成火灾的，应及时报警。对

突然发生的比较轻微的火情，同学们应掌握简便易行的应对方法。

（1）水是最常用的灭火剂，木头、纸张、棉布等起火，可以直接用水扑灭。

（2）用土、沙子、浸湿的棉被或毛毯等迅速覆盖在起火处，可以有效地灭火。

（3）用扫帚、拖把等扑打，也能扑灭小火。

（4）油类、酒精等起火，不可用水去扑救，可用沙土或浸湿的棉被迅速覆盖。

（5）电器起火，不可用水扑救，也不可用潮湿的物品捂盖。水是导体，这样做会发生触电。正确的方法是首先切断电源，然后再灭火。

（6）有条件的，学习一些简易灭火器的使用方法，用灭火器灭火。

如何保护自己：写给乡村儿童

校园食品安全：不买"三无"食品

2013年3月13日，某镇村小学的部分学生，晚饭后在学校操场边玩耍。有学生来到桐子果树下，捡到落在地面上的桐子果，剥开后吃果仁。先后有47名学生捡吃了桐子果，数量3~10粒不等。晚上9点左右，有学生出现恶心、呕吐、头晕的症状。经老师询问，说是吃了地上捡的桐子果。之后，凡吃了桐子果的同学纷纷出现相同的症状。后经卫生部门调查证实，这是一起误食桐子果导致的中毒事件，共导致47人中毒，无死亡。

安全提示

小学生有很强的好奇心，又缺少必要的食品安全知识，很容易导致食品安全事故的发生。

各级学校（特别是农村学校）要加强对学生进行食品安全知识的宣传，告诉学生不要随意采摘和捡拾不知道其

是否有毒性的野果、野菜,更不能食用学校周边的"三无"产品。

三无食品种类很多,集中在校门口小商店里的零食、小摊上的油炸食品等都是三无食品。三无食品很可能是过期食品,含有色素和防腐剂的食品。食用了这类食品后,轻则腹痛,重则呕吐、腹泻甚至食物中毒。

据工商执法人员调查,这些劣质"三无"小食品大多来自一些无照经营、卫生条件极差的小作坊。被查获的劣质小食品普遍过量使用香精、糖精、味精、色素,而其中的化学成分对人体肝、肾等脏器危害极大,大量食用容易致癌。同学们最好远离这些色彩鲜艳、口味香甜的健康杀手。

不和异性教师长时间同处无人的封闭空间

留守儿童被邻居、熟人甚至老师性侵的案例屡屡被曝光。一方面是因为性侵者的道德沦丧,另一方面也与对儿

如何保护自己：写给乡村儿童

童性教育的缺失有关。

我们常常将教师视为人类灵魂的工程师，将教师比作蜡烛，燃烧自己照亮别人。这是我们心中的美好愿望。其实，教师也是人，也是凡夫俗子，也有七情六欲，甚至会有恶念。因此，作为学生，在尊重老师的同时，也要适当防备老师——防备老师偶然的恶念会伤害到自己。尊重老师和防备老师，并不是冲突的。有时，适当防备老师，是为了将危险消灭在萌芽状态，也是为了更好地尊重老师，保护老师。

安全提示

同学们该如何保护自己，不受老师的伤害呢？

其中重要的一条，就是不和异性老师长时间同处于无人的封闭空间。当然，不是和所有的异性老师独处无人的封闭空间都是危险的，但是，为了防备万一，这样做是必要的。如果老师将你叫到某个无人的房间，并且锁上门。这时，你最好是想办法离开这个封闭空间。当然，离开的时候要自然，不要慌张；要坚决，不要犹豫。

防止被性侵，还要告诉孩子3点：

（1）凡是被贴身背心和裤衩覆盖的地方，都是私密之处，不许任何人触碰。

（2）任何人的行为，只要让你感到不舒服，都要立即反抗，然后要告知爸爸妈妈。但是，也要注意，当你明显处于弱势的时候，确保生命安全是第一位的，不要硬碰硬。

（3）不能随便喝别人给的饮料，不能随便吃别人给的食品，更不能随意拿别人给的零花钱。没有经过家长同意，不要随便单独和别人出去。

如何保护自己：写给乡村儿童

11 体育课上的安全常识知多少？

体育课是同学们进行体育锻炼，学习体育知识的主要方式。但是，如果上体育课不注意自我保护，忽视安全，就很容易出现运动伤害。轻微的如擦伤、拉伤、扭伤等，严重的会造成骨折、脑震荡，甚至会造成终生残疾和死亡。因此，提高自我保护意识，掌握自我保护、预防事故的方法，对同学们的健康成长有着极其重要的意义。

一、体育课的着装知识

上体育课要穿易于运动的宽松服装，女生不能穿裙子。上体育课时，大多需要全身运动，不仅活动量大，而且要使用很多运动器械。为了避免危险，课前一定要认真检查穿戴，下列物品一定不要配戴。

（1）衣服上不要别胸针、别针、校徽、证章等物。

（2）女同学不要戴各种发卡。

（3）不要佩戴金属、玻璃、塑料等质地的手表、项链、戒指、手镯、手链、耳环、脚链等装饰品。

（4）戴眼镜的同学，如果能不戴眼镜，上体育课时就尽量不要戴；如果必须戴，做动作时要加倍小心，做滚翻、倒立等垫上运动时，必须摘下眼镜。

（5）衣服口袋里不要装小刀、胸针等锐利的物品。

（6）上体育课不要穿皮鞋或塑料底的不利于运动的鞋子，必须穿球鞋等运动鞋。

二、体育课的安全注意事项

体育课上，不同的训练内容，不同的器械，要注意的安全事项也有所不同。

（1）在进行单、双杠和跳高训练时，器械下面必须准备好符合要求的海绵垫子。

（2）在进行跳箱、鞍马等跨跃训练时，如果老师不在或器械前后缺乏保护措施，同学们千万不可跳跃。

（3）跳远时，要严格按老师的指导助跑、起跳。

（4）进行投掷训练时要绝对按老师的口令行动，不可以有丝毫大意。

（5）在短跑训练中也要按规则进行，因为在向终点冲刺时，人身体的冲力很大，如果不按规则，各行其是，就极有可能被撞伤。

如何保护自己：写给乡村儿童

三、体育运动受伤的处理办法

体育运动中难免会受些外伤，以下是一些简单的处理方法。

1. 擦伤

擦伤多是因表皮组织受急剧摩擦引起的。如果伤口较浅可用生理盐水洗净伤口，用 25% 的酒精消毒，然后涂上 2% 的紫药水，不用包扎，使伤口干燥，几天就可以痊愈了。如果伤口较深，则需要及时到医院注射破伤风抗毒血清，并进行相应的治疗。

2. 挫伤

在进行体育运动中，可能会由于相互冲撞、器械磕碰及落地姿势不正确等引起挫伤。如果不慎造成挫伤，应将挫伤部位立即包扎，进行冷敷，并抬高肢体；同时，外敷创伤药膏，内服治疗跌打损伤的药。要注意过24小时后再进行按摩、热敷。如果挫伤还伴有其他症状，应及时送医院治疗。

3. 扭伤

在体育运动中，常由于外力的突然作用或外力过大造成肌肉拉伤或关节韧带扭伤。如果出现了这样的损伤，不要惊慌，可按挫伤的处理方法进行急救，严重者须送医院救治。

4. 脱臼

这是体育活动中较常见的损伤。平常在游戏中不要用力猛拉其他同学的手、臂，以免造成伤害。如果发生脱臼，可以先进行冷敷，然后扎上绷带，保持受伤关节固定不动，再送医院进行复位治疗。

走楼道不推搡，防止踩踏

2009年11月25日，重庆彭水县桑柘镇中心校下午放学时，学生在一楼、二楼楼梯口发生拥堵、踩踏，造成5名学生严重受伤，数十人轻伤。

2013年2月27日上午6时15分左右，湖北省某镇小学发生一起因拥挤引起的踩踏事件。事件造成11名学生受伤，其中4名重伤学生经抢救无效死亡。事发时，学生正从宿舍去上早自习，当时宿舍铁门关闭，被学生挤开，从而发生踩踏事故。

2017年3月22日上午8点半左右，河南省某县第三实验小学的学生上厕所时发生踩踏事故。事故共造成22名学生受伤，其中1人在送往医院途中死亡，5人重伤。

安全提示

（1）上下楼梯要轻声慢步，并养成靠右行走的习

惯。禁止在楼道追逐打闹，推推搡搡，更不能把楼梯当滑梯滑。

（2）发现同学在楼道有危险行为时，要及时制止。不能制止的，要及时向老师报告。

（3）要冷静应对拥挤踩踏事故。镇静是个人逃生的前提，服从大局是集体逃生的关键。当出现拥挤踩踏时，应保持情绪稳定，切忌惊慌失措。要听从现场老师的指挥，服从大局。当发现自己前面有人突然摔倒时，要马上停下脚步，同时大声呼救。若被推倒，要设法靠近墙壁，身体蜷成球状。

13

不在学校水泥地上追赶打闹

"丁零零……"随着一声声清脆的下课铃声,同学们一窝蜂似地冲出教室。有的同学在踢毽子,有的同学在跳皮筋,有的同学在玩陀螺,小红和好朋友小敏在追赶打闹着。

突然,小红整个人扑向了一根石柱子,然后倒在了地上。

她忍痛打开捂着嘴巴的双手,只见双手已经被鲜血染红了。同学们里三圈外三圈地围着小红。

在闻讯赶来的班主任的及时处理下,小红嘴里伤口的血止住了。

但接下来的日子,是小红最痛苦的时光。因为伤口在口腔内,无法上药,她只好忍着痛,让伤口自然愈合。在学校里,平日里爱说爱笑的小红变得沉默寡言。更可气的是,同学们有意无意地逗她笑,她也只好用双手紧捏着双颊,强忍着笑不让伤口裂开。吃饭时,嘴巴只能张开1厘米左右的缝隙,更是难受。

校园安全

安全提示

现在的校园大多是水泥地面,很光滑,所以在学校和同学们追赶打闹是很危险的。如果实在想追一追,赶一赶,到学校草坪上去还是可以的。

如果没有草坪,学校就应该禁止学生追赶打闹。而喜欢打闹的同学也应该学会用踢毽子、跳皮筋之类比较安全的游戏来替代追赶之类比较危险的游戏。学会用替代的方式满足需求,是一个人走向成熟的标志哦!

14

不在学校走廊上"开火车"

这几天,六(2)班的男生一个一个都像是发了疯一样:他们像火车车厢一样地连接在一起,见到女生就冲过去,吓得女生到处乱跑。

当火车头的男生最坏了!如果有一个男生摔倒了,他后面的男生就会全部摔倒。这时,女生就会高兴得尖叫起来,嘲笑他们。然后男生马上又重新接一个火车来攻击女生。女生一个个又不知道跑到哪里去了。后来上课铃声响了,男生们一个一个回到教室之后,女生才敢回教室上课。

小学六年级的学生大多已经开始进入青春期(因为现在的孩子生理上的成熟有所提前),但又还保留着儿童期的很多心理特点。

"开火车"追女生,有青春期男孩渴望接近女孩的心理,又有很明显的儿童期心理特点。当然,作为课间的一种娱乐放松的方式,本也无可厚非,但在教室里或教学楼的走廊上做这项活动,确实存在相当大的安全隐患。所以,老师一定要引导学生寻找更安全的娱乐方式。如果同

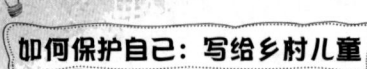
如何保护自己：写给乡村儿童

学们实在想玩这个游戏，可以在老师的指导下，去草坪上玩。

另外，有些同学在下课的时候，喜欢趴在走廊的栏杆上往下看。这也是非常危险的行为，一定要避免！

网络安全

如何保护自己：写给乡村儿童

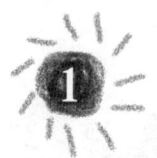

不要轻信网友

小芳的爸妈常年在外打工，她跟着奶奶生活。为了和在外地工作的爸妈联系方便，爸爸给小芳买了一部智能手机。小芳将手机带在身上，经常偷偷用手机上网。

一天下午放学后，小芳像往常一样躲在自己的卧室里用手机上网，在 QQ 上和同学聊天，这时，忽然小窗显示，有一位网名为"细水长流"的陌生网友加她为好友，小芳没有多想就点了同意。对方自称是一位父母在远方做生意的小女孩，名叫小娟。小芳一听和自己的处境相似，并且同龄，就将对方的话信以为真，和对方聊了起来。从这以后，每天放学一回家，小芳就拿着手机，和网上的小娟聊天。小芳觉得小娟很善解人意，她常将自己在学校和生活中的烦恼，告诉小娟。

很快她们成了无话不谈的知心朋友。担心奶奶发现自己在同网友聊天，小芳和对方一直打字聊。在一次聊天中，小娟约小芳见面，提议她们一起去县城公园玩。喜欢

逃课的小芳，思索片刻后便答应了。谁知当小芳按着和小娟约好的地点，在一条偏僻的路边见面后，才发现和自己在网上无话不谈的"小娟"，原来是一位满脸横肉的中年男子。就在中年男子凶相毕露，恶狠狠地胁迫小芳跟他去一家宾馆时，正好有路人经过，情急之下的小芳大叫了几声，吓跑了中年男子，小芳才乘机逃掉了。

安全提示

随着网络走进千家万户，好多小朋友经常在网上交友，但网络是一个虚拟的世界，网上什么人都有，由于小朋友年龄小，缺乏生活常识和辨别能力，很容易交友不慎，上当受骗，因此，千万不能轻信网友。

如何保护自己：写给乡村儿童

2

同学 QQ 号有时也骗人

小军上小学五年级，他和班上的其他同学一样，每人都有一个 QQ 号。学校里的同学身上，曾发生过一些在网上受骗上当的案例，老师和家长，特意给大家强调过这些事。所以小军和班上的同学，从来不添加陌生人为好友，他们 QQ 的好友里，全是班上的同学。

在一个星期天，小军在家里写作业，妈妈在旁边一边打毛衣一边监督他。趁妈妈做饭时，小恒上线后发现小艺的 QQ 给他留言了，让他给自己发一个 200 元的红包，等过几天就还钱给他。小军觉得小艺是自己的好朋友，人家开口了，不借给他就显得不够义气了。于是小军在 QQ 上给小艺发了一个 200 元的红包。第二天上学后，小军在学校里提起了昨天小艺在 QQ 上借钱的事。小艺听了后吃惊地说，昨天手机被妈妈拿走了，他写了整整一晚上的作业，根本没有上过网，更没有在网上向小军借过钱，一定是 QQ 号被人盗了。小艺赶紧登自己的 QQ 号，果然登

网络安全

录不上,很明显QQ被人盗走了。小艺后来一问自己被盗QQ上的联系人,才知道骗子利用自己的QQ号,骗走了不少人的钱。

安全提示

好多小朋友,认为只要是自己QQ上的联系人,全是现实中认识的同学或朋友,一定不会有上当受骗的事发生。其实QQ也有被骗子盗走的时候,当自己QQ联系人,在网上向自己借钱时,一定要提高警惕,最好打电话确认一下,再作决定。

微信朋友圈成为骗子的"帮凶"

别看小志今年才上小学四年级,可他的微信玩得挺熟练的。他特别喜欢在微信的朋友圈写日记。

有一次他发现微信可以添加附近的人为好友的功能

如何保护自己：写给乡村儿童

后，不论认识不认识，就一口气加了好多好友。小志每天都要在微信的朋友圈里，发送好多条图文并茂的文字，记录自己在生活中的点点滴滴。一次，还将自己和妈妈的照片及真实名字，无意中发在了朋友圈，有时翻开微信朋友圈，看看自己的这些日记，感到很温馨。

一天早上，像往常一样，小志背着书包步行去上学。忽然一位大妈走了过来对小志说："小志，刚才你妈妈，被一辆汽车撞成重伤，已被送到市里的医院抢救了。"

看到小志半信半疑，这位大妈说自己也在这个镇上开饭店，和小志的妈妈是好姐妹。还说出了小志妈妈的名字，十分准确地描述出了小志妈妈的外表，还有小志和妈妈身上最近所发生的一些趣事。小志这下完全相信她的话了，跟着大妈上了一辆面包车。

面包车不知行驶了多久，小志拿起手机，想给妈妈打个电话，大妈一下子夺过了小志的手机，说妈妈正在手术室做手术，是不能接电话的。当面包车走了整整半天还没有停下的迹象时，小志才知道自己被人贩子骗了。这时大妈和司机，露出了真面目，拿出绳子捆住了小志的手脚，并用布片堵住了他的嘴。就在面包车去加油站加油时，趁人贩子不注意，小志用膝盖猛击车厢，发出了声音，加油站的工作人员听到后打电话报了警，这才成功解救出了小志。两位人贩子最终落入法网。

网络安全

安全提示

有小朋友喜欢在微信朋友圈,发自己生活相关的信息。殊不知说不定在微信好友里,就有一些坏人每天在浏览朋友圈,从中获取真实的信息,从而成功行骗。所以小朋友,一定不能在朋友圈里,发送自己和家人的真实信息,不给坏人可乘之机。

4

长时间上网猝死网吧

上小学四年级的小勇,最近迷上了一款网络游戏。每天下午放学后,他不是直接回家,而是和几位同学,悄悄地溜进镇上的一家黑网吧去上网。虽然为此小勇受到了老师和家人的严厉批评,可是他玩网络游戏,已经上了瘾,深陷其中难以自拔。

这个星期五的下午,小勇放学回家后,在向爷爷奶奶伸手要零花钱未果后,趁爷爷奶奶在吃饭,他偷偷拿走了家里的100多块钱。小勇离开家后,约好几个喜欢打网络游戏的同学,又来到了镇上的一家黑网吧上网。玩到后半夜,黑网吧里上网的人,大多趴在电脑桌上睡着了。虽然感到很困了,可小勇越玩游戏越激动亢奋。就这样,疲惫不堪的小勇坐在电脑前,不停地玩游戏,连续"奋战"了30多个小时后,突然倒了下去不省人事。旁边的同学发现势头不对,走过来想扶起小勇,却发现他已经昏迷不醒,便连忙喊来网管,给小勇的爷爷和奶奶打了电话。等

大家一起将小勇送到镇上的医院后,小勇早没了任何生命迹象。

安全提示

由于青少年自我控制能力差,在没有成年人监督的情况下,很容易连续长时间上网。近年来已经发生了多起青少年连续在网吧长时间上网后猝死的悲剧。小朋友们切记绝对不可以连续几天几夜上网,因为这样对身体的伤害很大,甚至会像小勇一样猝死。

色情网站不要进

妈妈最近发现今年 12 岁的小亮,整天无精打采,而且常常走神儿。妈妈以为是小亮作业太多,没有休息好所致。再加上正是农忙的季节,无暇和小亮沟通。

原来小亮的家里有一台拉了网线的电脑,放学回家后

如何保护自己：写给乡村儿童

或周末的时间，小亮以在网上完成老师布置的作业为名，常上网浏览一些网站。一次小亮无意中点开了一个网站，里面全是些女性衣着暴露甚至一丝不挂的照片，含情脉脉地望着自己。平时和班上的女同学很少说话的小亮，心里一阵莫名的紧张和激动。小亮扭头看了看，妈妈正在厨房做饭，于是他又打开了几个不健康的视频。第一次看完色情网站的小亮，面红耳赤，在上课、走路、吃饭时，脑海里全是那些色情网站上的画面。小亮虽然知道浏览色情网站是不对的，可他还常常偷偷上去看。每天晚上躺上床后，当小亮一想到那些色情网站上污秽不堪的内容后，就悄悄地手淫，晚上休息不好。没过几天，小亮的下身发红发肿。小亮晚上睡不着觉，白天老是一副睡不醒的样子。以前开朗活泼的小亮，变得精神恍惚、萎靡不振。

　　妈妈发现了小亮不对劲，只好带小亮去看医生。在妈妈和医生下的追问下，羞愧交加的小亮只好如实交代。妈妈知道了真相后，吃惊不已，狠狠地批评了小亮一顿，最后只好拔掉了网线。

安全提示

　　色情网站上低俗污秽的东西，会对正处于身心发育期的青少年造成严重的伤害，严重影响青少年的学习成绩和身体健康。因此，青少年朋友要养成良好的习惯，坚决抵制色情网站。

如何保护自己：写给乡村儿童

警惕电脑中毒

小慧的爸爸在村里开了一家小超市，为了订货方便，他买了一台电脑，并拉上了宽带。小慧的表姐是一位大学生，她在去年暑假来小慧家做客时，帮小慧开通了网上银行，并教会了她在网上购物。网上的有些东西，要比在镇上便宜多了。自从镇上有了快递公司后，网上购物比以前方便多了。小慧常在网上，帮助同学们购物。

喜欢写作的小慧，还在网上申请了一个邮箱投稿用。一天晚上，小慧打开了自己的邮箱准备给杂志社投一篇童话，这时，她发现收件箱里有一封未读邮件，怀着好奇的心理，小慧直接打开了邮件，结果发现只是一封广告邮件。接下来，在一家网站上，小慧帮妈妈选购了一件衣服，并用网上银行付了钱。

过了几天，小慧的同学，让她帮忙在网上购买几本童话书。小慧打开电脑后，发现电脑比平时慢了好多，选好了书，在用网上银行付款时，小慧傻了眼，网上银行上一

分钱也没有了。

　　家里的电脑,只有小慧一人在用,帮爸爸网上订货和网上购物。要知道网上银行上蒸发的钱,有1000多元,不是小数字。无奈之下的小慧,只好拨通了表姐的电话,表姐在电话里询问小慧,是不是最近安装了什么应用程序。小慧说也没干什么啊,就是打开了收件箱里的一封信。表姐告诉小慧,可能是电脑中毒了,导致小慧的个人信息和账户全被窃取,网上银行的钱全都被转走了。表姐叮嘱小慧,不能随意打开不熟悉的邮件,不能随便安装应用程序,否则电脑会中毒,个人信息和账户会被盗取。

如何保护自己：写给乡村儿童

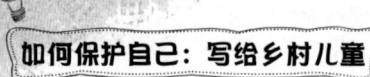
安全提示

随着网络的普及，网络改变了人们的生活，为人们提供了很多便利。但会有一些不法之徒，利用有些网民网络安全意识薄弱，通过各种方式先让电脑中毒，再盗取个人信息和账户里的资金。青少年朋友在上网时，一定要有网络安全意识，安装杀毒软件，及时杀毒，不随便安装应用程序，不随便打开邮件。

二维码不能乱扫

周末的下午,正上初一的小雅和班上的几位女同学,一起去逛街。

她们走到一家大型超市前,发现一个长长的队伍。旁边一位漂亮的女孩子,一边挥着手中的单子一边大喊:"免费送礼品!免费送礼品!请大家自觉排队领礼品。"

一听到有礼品免费领取,小雅和同学们马上来了精神,耐着性子排队。队伍向前慢慢地移动着,终于轮到小雅她们领礼品了。面前的这些"工作人员"告诉她们,今年是公司成立十周年,为了答谢新老客户,才进行免费发送礼品的活动。扫一下二维码,并留下个人账户信息后,就能领取礼品了。小雅和她的几位女同学,看到面前免费赠送的精美礼品,就不假思索地按对方所说的去做了。领完礼品,她们高高兴兴地回家了。

可没等高兴几天,她们就高兴不起来了,原来她们用手机绑定的银行卡上的钱,莫名其妙地消失了。而且她们

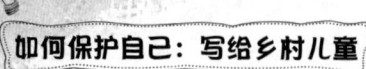

如何保护自己：写给乡村儿童

还接二连三地收到一些垃圾信息。小雅和她的同学，对这次因爱贪小便宜乱扫二维码造成的后果都非常后悔。

安全提示

有些不法分子通常虚拟伪装一个网站，并生成二维码，实际上这个网站可能带有木马病毒等。扫描二维码后，不法分子就可以获取你的身份证号、银行账号、手机号码等重要信息，并截取淘宝平台发来的信息如验证码等，便可以轻松转走你卡里的钱了。有的还可能将你的个人信息再次出售给其他渠道，二次获利。所以青少年朋友们一定要记住，二维码不能乱扫。

公共场所的免费 Wi-Fi 要慎用

小轩有一部妈妈送他的智能手机，可是用手机上网，要开通流量套餐，一个月下来，手机上网费，就要花掉不

少钱。可小轩现在每个月的零花钱,是不够支付这些上网费的,更何况小轩还要这些零花钱,去买其他东西呢!

这时小轩无意听同学们说,镇上的几家大型超市前和咖啡店前,有免费的Wi-Fi,可以前去蹭网。听到这个消息后,小轩高兴坏了。反正小轩家所在的村子,离镇上不远,也就3里地,步行不过20多分钟。

于是下午一放学,小轩就和同学来到镇上的超市和咖啡店前,拿出手机蹭免费的Wi-Fi,这样既能上网打游戏、聊QQ或看电影,又不用花钱。每天放学后,小轩都要在这里蹭网玩会手机,虽然网速有时很慢。有时小轩也在蹭网时,顺便在网上购物。

这天早上,当小轩背着书包走进教室后,就发现教室里的同学,对自己指指点点。班长对小轩说,班主任找你,让你去他办公室。到了班主任办公室后才知道,班上有同学向班主任反映,小轩在QQ上乱向同学发送色情图片,还在QQ上向老师和同学借钱。小轩一口否认,班主任拿出了女同学的手机,打开QQ,上面明明有小轩QQ发送的色情图片和借钱文字。

就在这时,小轩的妈妈,气喘吁吁地赶到了学校,说明了来意。原来在外打工的小轩爸爸,在昨天深夜,收到了小轩QQ上的留言,说妈妈生病住院了,让他赶快打5000元钱到一个银行卡上。小轩的爸爸打通了家里的电

如何保护自己：写给乡村儿童

话，小轩的妈妈这才来学校质问小轩，为什么要撒谎向爸爸要钱。

一头雾水的小轩，不知道是谁用自己的 QQ 号在网上骗钱和乱发色情图片。小轩用自己的手机登 QQ，才发现根本登录不上去了，他的网上银行里的钱也不翼而飞。

安全提示

有很多公共场所，有免费的 Wi-Fi，这给我们带来了很大的便利，但同时也存在着不少安全隐患。有些免费 Wi-Fi 是骗子的，让上网者连接钓鱼网站，网银被盗刷，将上网者的账号、密码等信息拿走。所以在公共场所，尽量少用免费 Wi-Fi。

9

不能乱扔快递包装盒

小玲的爸爸妈妈常年在外打工。他们和小玲一年只能见一次面。为了弥补自己不能陪在小玲身边的无奈，爸爸和妈妈经常在网上买衣服和各种小玩具寄给家里的小玲。

收到快递后的小玲，常将快递包装盒随手一扔，上面的快递单也不撕掉。家里很快堆起了一大堆快递包装盒。一天村里来了一位收垃圾的男子，奶奶看到堆在院子一角的快递包装盒，便将它们全都卖给了收垃圾的男子。

一个星期天的早上，爷爷和奶奶下地干活去了，在家写作业的小玲，接到了一个电话，说是让她来取快递。经常收到快递的小玲，没有丝毫怀疑，还非常高兴地猜想，这次爸爸妈妈又给自己买了什么东西。小玲打开门时，看到是上次那位收垃圾的男子。他让小玲帮他倒杯水，天真的小玲，转身走进屋里去倒水。这位冒充快递员的男子，看到家里没有他人后，紧跟着走进屋子，在强暴了小玲后，将她残忍地杀害。凶手后来被捉拿归案，他对自己的

如何保护自己：写给乡村儿童

罪行供认不讳。他在收垃圾时，发现了快递包装盒上小玲的个人信息后，便萌发出假扮快递员入室抢劫的念头。后来骗小玲开了门后，发现家里再没有其他人，便将小玲强暴后杀害。

正处于花季的少女小玲，因为粗心大意或者根本没有想到，自己没有撕掉或涂掉快递包装盒上的快递单，导致个人信息泄露，而致杀身之祸，值得我们反思。

安全提示

乱丢没有处理过的快递包装盒，会造成个人信息泄露，易被一些不法分子利用。他们除了会将我们的个人信息用于非法行为外，还会冒充快递员，入室抢劫杀人。所以，青少年朋友们，一定不能乱丢快递包装盒，切记一定要将上面的快递单撕掉或涂掉后再丢弃。

10 废弃手机不能随便丢掉或卖掉

小风的爸爸妈妈常年在外打工,他们和小风一年只能见一次面。小风有一部妈妈送她的新手机,可是用了没多久,有一次课外活动和同学打羽毛球时,手机不小心掉在地面上摔坏了。妈妈只好给小风重新买了一部新手机,将旧手机上的手机卡和内存卡取了下来,装进了新手机。那部摔坏的旧手机,一直放在家的抽屉里。

有一天,村里来了一位收垃圾的大叔,说一部旧手机可以换一个金属盆子。小风觉得摔坏的旧手机,放在家里占地方,不如换了盆子。于是她用旧手机,换了一个金属盆子。过了两个月,小风和她手机上的联系人,陆续接到了一些推销东西的电话,还有一些莫名其妙的垃圾信息。甚至还有人三更半夜,给小风打骚扰电话,小风不胜其烦,晚上只好关机睡觉,有时甚至想将电话号码换掉。小风一直想不明白,她的个人信息到底是怎么泄露出去的。

如何保护自己：写给乡村儿童

安全提示

许多人选择卖掉或者丢弃旧手机，却不知现在网上也有一些手机数据恢复软件，甚至还有详细的教程，只要下载软件和参照教程，就可以轻易进行数据恢复，得到手机上面的全部信息。青少年在丢弃或卖掉旧手机之前，一定要删除个人信息，拔出手机卡及存储卡。最好找专业人士帮助清除手机信息，还要解除手机应用软件所关联的服务。

心理安全

如何保护自己：写给乡村儿童

和家人发生矛盾，不能离家出走

小雨是一个12岁的女孩，和爷爷奶奶生活在一起。爷爷奶奶很爱她，也很关心她，可她总是一而再再而三地出走，让爷爷奶奶很伤心。

小雨也总是在离家出走的第一天就后悔了。可是她并没有及时弥补错误，而是继续错下去。小雨不愿意回家，明明知道回家后爷爷奶奶不会打她，可她还是不愿意回家，总觉得家里好闷，闷得让她喘不过气来。每当回家，爷爷奶奶就会跟她谈心，耐心地教育她。小雨讨厌他们跟她谈心，因为她知道他们要说什么。小雨总在心里说：我再也不离家出走了！可是，没过几天，她又控制不了，一个人走了……刚走就后悔……

小雨这是怎么了？

安全提示

青春期的孩子，因为心理上正逐渐走向独立，所以特别希望家长多给自己一点空间，多给自己一点自主的权利。可是，有的家长不能及时转变教育或管教方式。这样，亲子矛盾就产生了。

故事中的小雨，觉得和爷爷奶奶在一起"好闷"，可能跟爷爷奶奶的管教方式太死板，总是一成不变有关。面对这种情况，唯一正确的方式就是和爷爷奶奶多沟通。如果用离家出走的方式来面对，不仅于事无补，还会使矛盾激化，令自己处于十分危险的境地！

爷爷奶奶（特别是农村的爷爷奶奶），因为接触外界信息比较少，思想往往会比较僵化。同学们在和爷爷奶奶相处的过程中，不能对爷爷奶奶过分苛求，不要总是埋怨：爷爷奶奶为什么不能理解我？作为新时代的青少年，为什么不能主动去理解爷爷奶奶呢？为什么不能主动对爷爷奶奶讲一讲自己的所见所闻呢？人与人的交往都是相互的。如果你理解了爷爷奶奶，爷爷奶奶要理解你就容易多了。

家人去世后，要充分表达自己的哀伤

小明生长在农村，在一次车祸中，他父母双亡，成了孤儿。

小明常常对同桌小强说，在车祸事故的前一天晚上，他做了一个梦，梦见全家人乘坐的汽车翻到山脚下，正和第二天车祸的情形一模一样。他说，他一直都在后悔，后悔没有说服家人，让他们相信自己的梦。说到这里，他的眼圈又红了。

小明性格单纯，单纯得傻气。同桌小强说从未见过像小明那样好骗的人，别人说什么他都相信。一个简单的骗术能让他上当无数次。那些古怪精灵的调皮学生就仿佛发现新大陆似的，经常整他。挨了整，他也从不生气。

可能是小时候恐惧的阴影已经深深地烙在他的心里，让他变得异常胆小，对于别人的欺负只有打不还手，骂不还口。

单纯让这个15岁的少年对武侠小说中的情节深信不

心理安全

疑。他常利用节假日的时间去图书馆借些关于武打小说"研究"。他常常幻想自己有朝一日能像金庸、古龙笔下的武林高手一样飞檐走壁。至今，他还保留着向广场上晨练的老人们"偷学"太极拳的习惯。

安全提示

故事中的小明，一直没有真正走出那场噩梦，所以他才胆小怕事，一直悔恨内疚。而小明要真正走出噩梦，就

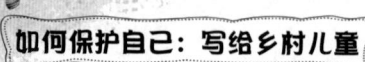

如何保护自己：写给乡村儿童

必须学会正确地哀悼自己的父母，充分表达自己的哀伤。但是，在中国人的传统思维中，一个人巨大的哀伤不去想便是最好的，即所谓"节哀顺变"。而实际上，单纯地"节哀"不去想"哀"并不能"顺变"。只有充分表达了"哀"，接受了"哀"才能很好地"顺变"。对于一个正在成长中的孩子更是如此。

丧亲的心理过程一般分为4个过程：① 震惊，麻木，不相信；② 痛苦；③ 心理的哀悼过程；④ 整合。

对于一个丧亲的孩子来说，如果哀伤长期得不到有效表达，不能及时走过心理哀悼阶段并进入整合阶段，就会出现沮丧焦虑、自责内疚、空虚孤独，有时还会产生强烈的被遗弃感，并直接影响其自我认同的发展。故事中的小明沉迷武侠小说，在幻想中满足，不敢表达自己的愤怒，就是他自我认同出现障碍的表现。可以这样说，生命对我们有多重要，充分表达心中的哀伤就有多重要！

3

遭到性侵之后，如何修复心理创伤？

性侵往往分两种：幼年时来自熟人的持续性的伤害和成年后来自陌生人的突发强暴。不管是哪一种，都会给当事人带来巨大的心理创伤。相对来说，幼年创伤会更难处理一些。荷兰一名20岁的少女，从5岁被性侵至15岁，长达10年，产生了严重的心理创伤，出现厌食症、抑郁症和自杀倾向，甚至产生了幻觉。

遭遇性侵会造成重大的心理创伤，往往会有急性应激障碍（ASD）或创伤后应激障碍（PTSD），应该找心理医生进行必要的心理治疗。

如果不具备心理治疗的条件，就必须学会对心理创伤进行自我修复。具体的办法如下：

（1）要反复对自己说：发生的事情不是自己的错。尽

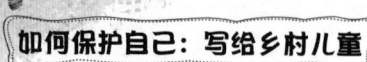
如何保护自己：写给乡村儿童

量照顾自己内心的感受，不要为了别人的想法去责怪自己。

（2）找信任的人陪伴。减少在房间独处的机会，孤独会让人感到不安，从而加深内心的伤痛。即使在你的朋友、亲人离开你时，也要确保你能随时联系上他们。而陪伴你的人，还需要看一些关于心理创伤修复指南之类的手册，因为陪伴、劝慰遭性侵的人，是需要一些专业知识的。另外，亲朋的陪伴必须是长期的，至少要维持3个月，仅仅一两天的陪伴是没有什么效果的。陪伴的亲朋可以替换，但是不能频繁地替换，要保持相对的固定。如果实在没有人陪伴，可以通过电话、网络与外界保持联络，也可以拨打24小时危机干预热线或相关的公益热线，以确保自己的情绪能恢复到平稳。

何谓急性应激障碍（ASD）与创伤后应激障碍（PTSD）

急性应激障碍的患者在受刺激后立即（1小时之内）发病，症状往往在24~48小时后开始减轻，一般持续时间不超过3天。急性应激障碍还有一种临床亚型，称为"急性应激性精神病"，是指由强烈并持续一定时间的心理创伤性事件直接引起的精神病性障碍。以妄想、严重情感障碍为主，症状内容与应激源密切相关，较易被人理解，而与个人素质因素关系较小。一般发病时间也不超过1个月。如果症状存在时间超过4周，要考虑诊断为"创伤后应激障碍"。

遭遇地震、洪灾等自然灾害后，如何实施心理自助？

2008年汶川大地震为新中国成立以来国内破坏性最强、波及范围最广、总伤亡人数最多的一次大地震。

地震之后的一段时期内，灾区很多人都出现了"震后综合征"。其表现如下：

1. 恐惧、警觉度提高

一闭眼就感到身体在晃；每隔5分钟必定要关注桌子上装着水的杯子；每次余震过后就拿放大镜观察自己的房子有没有裂缝；见不得哪个把手机开成震动；偶然自己抖抖腿都会被自己吓到。

2. 自信心下降，需要人际心理支持

不相信自己的感觉，会不停地向别人求证："刚才是不是晃了一下啊？"每天见面的第一个话题就是："昨天被摇醒没？"

3. 行为应对

对地理知识突然很感兴趣；对求生知识突然很感兴趣；不敢脱了衣服睡觉，心里总盘算："鞋子脱不脱？"空闲时候计算从自己楼上的家火速飞奔到空地上到底需要多少秒。

4. 创伤表现

养成了看新闻的习惯，常常看着看着被触动就哭起来。

安全提示

地震、洪灾等是后果难以估量的自然灾害。人类在其面前，显得异常渺小，常常束手无策。如果你不幸身陷灾难，不可避免地会留下难以弥合的心灵创伤。生理上有了感冒症状，我们都会想到找医生。而心理上有了感冒症状（抑郁就相当于心理上的感冒），我们却不好意思找心理医生。这是相当不明智的。而灾难给我们带来的绝不仅仅是心理上的感冒，还有心理上巨大的伤口，即心灵创伤。

要抚平心灵创伤，找心理医生是十分必要的。而同时，实施心理自助，也是不可或缺的。

一个人遭受重大的灾难之后，要修复心灵上的创伤，必须满足以下的心理需要：

首先是安全感、归属感的满足。对于同学们而言，最大的安全来自父母，来自家人。灾后和爸爸妈妈或者其他的家人在一起，就是最大的安全感。如果很不幸，所有的亲人都在灾难中遇难了，怎么办？这时，一张亲人的照片都可以带给自己无限的慰藉。同时我们还应该意识到：失去了小家，我们还有国家。政府民政部门、社会公益机构、社会爱心人士等都可以给失去亲人的孩子带来安全感和归宿感。

其次是控制感的满足。我们前面说过，在自然灾害面前，人类显得异常渺小和无助，但是，人类天生又具有控制的欲望。这种欲望其实是自我保护的需要，也属于安全感的一种。因此，灾难之后，通过一些必要的措施防止自己受到二次伤害，就会得到控制感和安全感的满足。

另外，灾后被关注、被信任、被接纳、被尊重、被支持也是心灵创伤得以及时修复的关键。灾后的"被接纳"，主要是接纳受灾者的各种负面情绪（如恐惧、忧伤、自责、愤怒等）。而一个人遭遇灾难之后，切记不能压抑自己的负面情绪。这时候，尽情地哭泣往往能充分释放自己的负面情绪，起到缓解痛苦的作用。

如果以上的心理需求都得到了满足，受伤者的心理康复就会变得顺利多了。反之，心灵创伤将很难愈合。

父母离婚后，别把自己变成一块铁

在学校，张念的笑声可以震动房屋，别人都说她是"笑不死"。别人都以为她很快乐，他们哪里知道张念的痛苦！她的父母因感情破裂而离婚。张念非常想报仇，却不知道该向谁报仇。每当她平静下来以后，一种莫名的伤感

和仇恨就把她一点一点地吃掉。她不想让父母知道她有多伤心，有多痛苦。张念每次不开心，都是父母不在家才哭几声喊几声。父母都以为她很坚强。为了不让父母担心，她把自己变成了一块铁。

张念对父母的离婚表面上不反对，因为他们的感情破裂了，在一起会更加地不开心；其实内心，又有多少对母亲的不舍。

张念经常想着复仇。她知道这是不对的，可她还是忍不住去想，又不知道自己究竟能做些什么。

安全提示

张念同学目前的心理是一个典型的外部攻击心理，只是还没有实施外部攻击行为。现实生活中因父母离婚而打架闹事实施外部攻击行为的则是屡见不鲜。有外部心理攻击，就有内部心理攻击。一个父母离异之后跟着父亲生活的女孩子，她每次想到母亲时都会强烈地自责，认为是自己不好，把母亲气走的。这就是典型的内部心理攻击。外部心理攻击，攻击的对象一般是他人；内部心理攻击，攻击的对象常常是自己。

无论是外部攻击，还是内部攻击，都是心理的不平衡所致。父母离婚之后，要调整心理，首先，一定要告诉自

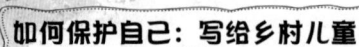

如何保护自己：写给乡村儿童

己：父母离婚与我无关。虽然爸爸和妈妈不能在一起生活了，但他们还会像以前一样爱我、照顾我。其次，要学会宣泄自己心中的负面情绪。在最亲密、最信任的人面前大哭一场，也是很好的心理调节方法。写日记宣泄，方便、安全、保密，也不失为一种好办法，千万不要"把自己变成一块铁"。长期装出坚强的样子，其结果是心理上的极度脆弱。很多人的报复心理其实就是心理脆弱的体现。另外，要用真挚的友情和刻苦的学习来转移自己的感情。让真挚的友情和学习成功的喜悦来冲淡因父母离异而产生的痛苦。特别强调的是，一定要注意多和积极乐观的同学做知心朋友，减少与消极悲观的同学的深入接触。不是有消极情绪的同学不好，而是要避免"同病相怜"对负面情绪的强化。

心理安全

学会抵御诱惑

下午放学,婷婷刚出校门就发现那个陌生的"哥哥"又在门口等她。她急忙退回学校,躲到角落里,心里十分紧张。同学们总传说校门口有个坏人专找女生交朋友。可婷婷觉得:这个人可不像坏人,他文雅、礼貌。他说他只想做婷婷的"哥哥",关心婷婷,保护婷婷。他还夸婷婷漂亮、善良,是个好女孩。婷婷很感动。

上次,他要请婷婷去上网,婷婷借口没时间,跑掉了。今天他又在门口东张西望。看着他焦急万分的样子,婷婷的心里有一阵莫名的激动:也许,和这样的"哥哥"认识一下会很有情调呢!自己一个人寄宿在亲戚家,多么寂寞啊!不过,万一他真的是玩弄女孩子的色狼怎么办?可是,他似乎只是一个陷入单相思的可怜虫啊!或者他是一个受人怂恿的傻小子,只是要追到一个漂亮女孩子给他的哥们儿看看呢?

婷婷在校园的角落里待了很久,才趁"哥哥"不注意

如何保护自己：写给乡村儿童

悄悄地离开了学校。可事后，婷婷又有些失落她觉得自己似乎太胆小了。

安全提示

每一个人的内心都会有两股力量在不停地较量：一股是满足各种诱惑的力量，一股是抗拒各种诱惑的力量。此时，婷婷的内心深处就有这样两股力量在斗争着。她的担心、躲避就是拒绝诱惑的力量——理智在起作用，而她对"哥哥"的好感和美化则是满足诱惑的力量——本能欲望在起作用。虽然抗拒的力量还是占优势，但是诱惑的力量随时都会兴风作浪，所以，婷婷同学的危险并没有解除。

青春期的学生在这点上如何保护自己？其中很重要的一点就是必须能够迅速而准确地识别来自各个方面的陷阱。而这些陷阱往往又和受骗者自身的一些欲望（婷婷的欲望就是她对异性的好奇与渴望）相联系的。这就是有些人明知道前面是陷阱却偏偏要向里面跳的原因：他们无法克制自己的欲望。也就是说，如果你本身没有被犯罪分子利用的欲望，你就不可能受骗。别人已经告诉婷婷这样的陌生男子很危险，但婷婷还要美化他一番——说他文雅、礼貌，可不像坏人。这就是她自己内心的欲望在和理智对抗！

其实，面对外部的陷阱时，我们内心的陷阱更危险！

那么，我们是否应该增强理智的力量来压制内心的欲望？答案是：在适当加强理智的基础上，学会将自己内心的欲望转移和升华，二者缺一不可。如果仅仅用理智来压抑内心的欲望，往往很难奏效。即使奏效也会对人格成长和学习生活造成一些不利影响。因此在运用理智的同时必须学会转移和升华感情。具体的做法如下：

（1）用亲情、友情转移自己对异性的感情。在平时的生活中要多加强与同学们的情感交流，多感受家庭的亲

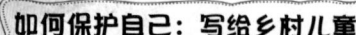
如何保护自己：写给乡村儿童

情。很多少男少女误入歧途的案例都显示：亲情的部分丧失会让青春期的孩子对异性的感情充满了好奇与渴望。而同学感情的缺失则会进一步将他们推向诱惑的陷阱。

（2）用多彩的娱乐活动、丰富的业余爱好来分散自己对异性的注意。故事中的婷婷觉得：也许，和这样一位"哥哥"认识一下会很有情调呢！如果婷婷的生活不是那么地单调，她就不会去追求这种危险的情调了。

（3）用刻苦的学习来升华自己对异性的渴望。当某种焦虑被转移到较为高级的、常人容易理解的、为社会环境所承认及肯定的对象上时，即被称作升华。在现实生活中，往往是学习上对自己要求不高甚至无所事事的学生更容易被诱惑所吸引。

总之，面对诱惑，理智是重要的，但不能光靠理智，还要善于转移、分散和升华自己内心的渴望。这样青少年朋友心中那头欲望的老虎才能变成温顺的花猫！也才能冷静而果断地拒绝一切来自外部的诱惑！

心理安全

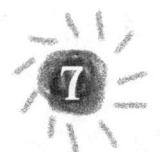

提防亲人之间无意的言语伤害

8岁那年,张君知道了一个秘密:她有一个姐姐,在一岁零两个月的时候被火烧死了。张君想象姐姐去世时一定是万分的痛苦,呼叫的声音一定万分的凄惨。

姐姐的死给她带来了困惑,她不知道为什么会这样,更不知道会不会在某一天也像姐姐一样的惨死。

还有,张君认为如果姐姐不被火烧死,她自己根本就不可能出生,因为都是独生子女。"我的生命是姐姐用生命换来的吗?因为我要出生,所以姐姐就必须死去?如果是这样,我就是姐姐的罪人了!真不知道该如何面对我死去的姐姐!"这样的想法天天在张君的脑子里出现。

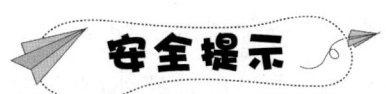

8岁孩子的想象力已经非常丰富了。

在孩子具备了一定的想象力但心灵又很脆弱的情况

如何保护自己：写给乡村儿童

下，大人们一些不经意的语言有时会对孩子造成较大的较为持久的心理创伤。这是许多家长所意识不到的地方。因此，大人们在迫不得已需要对孩子提及某个已经发生的恐怖事件（特别是发生在亲人身上的恐怖事件）时，则要尽量避免恐怖场景在孩子脑海中的显现。此时，大人们是可以对孩子使用善意的谎言的。如张君的父母在和张君提及她死去的姐姐时完全可以说她是生病去世的，并要求其他的亲人也这样说。等张君长大了有了足够的心理承受能力（如18岁左右）时，再告诉她实情，相信她一定会为父母的细心而感动。

语言对心灵的作用是巨大的。在意大利电影《美丽人生》（Life Is Beautiful）中，父亲圭多为了不使孩子受到战争的创伤，将纳粹集中营的大屠杀说成是一种游戏，从而很好地保护了孩子脆弱的心灵。这样的做法可以给我们许多启示。

对于张君同学头脑中已经存在的恐怖场景，则可以在心理医生或心理咨询师的指导下，利用一些心理学技术予以消除。之后，还需要指导她对恐惧和内疚心理进行重新认知，要让她坚信：姐姐的悲剧只是一种偶然，和自己没有关系，更不需要自己来承担任何的责任！妹妹能够快乐地生活，一定是姐姐最大的心愿！

心理安全

"恐高"不用怕

不知道怎么了,小亮忽然对从高处往下看充满了恐惧。

有一次,他到一所学校去玩。当他登上楼顶的时候,无意间一个东西掉了下去。小亮赶紧趴在楼房的边缘往下追看。顿时,他觉得头晕目眩。再看一看地面,就有一种想跳下去的冲动。小亮赶紧离开了楼顶。下来后,他发现这不过是一座5层的楼房,却让他如此恐惧。

难道,是小亮胆子变小了,还是得了恐高症?

安全提示

恐高症又称畏高症。据国外调查资料显示,现代都市人中有91%的人出现过恐高症状。其中10%属临床性恐高,即每时每刻都得想方设法避免恐高症"突发"。恐高的基本症状就是眩晕、恶心、食欲不振。眩晕会使身体失去平衡，这时站在高处的人就变得非常危险了。

日常生活中很多自称患有"恐高症"的人其实都属于正常范围，是自我保护的本能反应。只要没有影响到自己的生活，就无须放在心上。如果对自己的生活造成了比较大比较持久的影响，则需要寻求专业人士的帮助。

9

自虐倾向要小心

初一的时候，小丽是一所乡镇中学的普通学生。虽然普通，然而快乐。小丽喜欢文艺，班主任让她当文艺委员，她感到自己很受重视。可是，爸爸妈妈却不满意，觉得在一所乡镇中学混下去，前途渺茫，于是不惜重金将她转到了市里的一所重点中学。来到这所学校，小丽才发现，她原来只是一只丑小鸭。学习成绩一直在班上摆尾不说，连她的文艺才华也根本不值得一提：班上的同学中，钢琴过多少级的、唱歌跳舞得什么奖的比比皆是。在班上，小丽根本就不好意思开口唱歌！

心理安全

一次期中考试后,全班开总结会。老师要同学们分析这次没考赢别的班级的原因。有个班干部说:因为有个别同学拖我们班的后腿。说完之后,很多同学都用眼睛瞪着小丽。小丽强忍泪水开完了班会。当晚,她躺在寝室的床上,很久也不能入睡。忽然,她摸到了一把水果刀,不由自主地向自己的手腕划去。借着室外的灯光,她看到流出了鲜血,但小丽没有一丝疼痛,反而有一丝快意。她终于入睡了。

后来,小丽竟然养成了一个坏习惯:只要她非常非常难受的时候,就要在手腕上划一道口子,这样心里才好受一点。

如何保护自己：写给乡村儿童

小丽自残的事很快就被室友发现了，并且传到了老师那里。老师批评了小丽，要她改正。可是一到难受的时候，她就控制不住自己。

现在，小丽已经上初三，压力更大了。她担心自己还会自残，更担心考不上高中让爸爸妈妈失望！

安全提示

由于转入新学校之后出现的适应困难，同时由于自卑，小丽发生了自虐行为。许多人在遭遇挫折之后也会有自责、自罚的行为，如历史上"卧薪尝胆"的故事，虽是励志，实质也是一种自责、自罚行为，但一般正常情况下，不会夸大自己的挫折，也不会自虐，更不会在实施自我摧残后感到快意。

对小丽而言，要改变自己的不正常行为，关键要改变不正确的自我评价。由于教育背景上的不同，她和其他同学之间存在一些差异是很正常的。她也是一个独特的个体，也一定有她的优势所在！只是由于她的自卑，她一时无法找到自己的优势罢了。对老师而言，要改变小丽的行为，关键是要给小丽提供足够的心理支持，而不是一味地批评和讲道理。对家长而言，改变自己对孩子的一些不合理的期望，加强和孩子的情感交流，同样至关重要！

心理安全

爱洗手不是强迫症

小玲是一个正读初三的女孩子。由于母亲是乡村医生,从小就严格要求小玲讲卫生,所以小玲就特别爱干净。可是,近半年以来,小玲常常有反复洗手的毛病,总觉得手不干净。出门回来她会花很多时间来洗手,平时只要碰了她认为脏的东西,就必定会反复洗手十几次甚至更多。小玲寝室里有位同学看过几本心理学的书,说她的症

状很像强迫症。但小玲认为这是洁癖。如果是洁癖,就只是她的个性罢了;如果是强迫症,那小玲就是病人了,她该怎么办呢?

安全提示

强迫症是神经症中一个很常见的类型,其核心症状就是强迫。注意,这里的"强迫"不是别人强迫自己,也不是自己强迫别人,而是自己强迫自己做(或想)一些无意义的事情,却无法控制自己。

小玲的洗手问题与强迫症有些相似,但是要确定是否为强迫症,单凭她洗手的行为还不能做出诊断,重要的是看她在洗手时有什么样的体验。强迫症的核心问题是自我强迫和自我反强迫共存,患者会有强烈的心理冲突。就拿洗手来说吧,内心有两种对立的力量,一方要反复洗手,而另一方却不想洗下去,双方势均力敌,相持不下,这就构成了强迫。所以,要诊断强迫症,必须具备这种体验。

如果小玲的洗手行为有这种强迫的体验,并且这种强迫体验持续半年以上,就有可能属于强迫症了。

一定要注意区别的是:洁癖与强迫症不一样。因为强迫症有强迫性洗涤这一类常见症状,似乎是爱干净、爱清洁,所以很多人都认为洁癖就是强迫症。其实这是一种误解。强迫症患者在洗涤时是很冲突、很痛苦的，而有洁癖的人则喜欢这样做，他们会在清洁的过程中体验到乐趣。人们之所以怀疑洁癖是否正常是因为洁癖的人对清洁的钟爱程度超过了普通人，但这并不意味着与大多数人不太一样的行为就一定是疾病。

强迫症是一种心理障碍，目前常用的治疗包括药物治疗和心理治疗。药物治疗主要选用与5-HT神经递质相关的抗抑郁药物；心理治疗可以选择精神分析治疗、认知行为治疗等方法。

强迫症的疗效取决于很多因素，如致病因素是否持续存在、病史长短、治疗是否及时和充分、是否有良好的社会支持等。部分患者经过及时的治疗可以有效控制强迫的症状，但也有部分病人恢复不彻底甚至迁延为慢性。因此，如果罹患强迫症应及早寻求专业医生的帮助。

经常虐待小动物容易诱发人格障碍

今天第三节课间,庞虎不知道从哪里捉来了一只螳螂放在课桌上。他从课桌里掏出一把雪亮的水果刀,一刀就将螳螂的头给砍了下来。在同学们的围观下,他很利索地卸掉了螳螂的上肢和下肢,然后一刀刺进螳螂的腹部,还一边念念有词地说:乖!真乖啊!不一会,螳螂的腹部从里向外完全翻了出来。

最后,他还给它举行了"火葬"——把它烧掉了。

庞虎在班上一直是一个受人欺负的对象,胆子小得不得了。可不知道为什么他虐待动物的胆子这么大,吓得好多同学都不敢看。

"火葬"了螳螂之后,庞虎整天都很兴奋,到处讲他的"英雄故事",说他"火葬"的是一只母螳螂,是在替公螳螂报仇,因为螳螂在交配完后,母螳螂会回过头来,先啃公螳螂的头部,然后一口口将公螳螂吃个精光。

现在大家都在讲,要保护动物,要和动物友好相处,

可庞虎同学为什么这么喜欢虐待动物呢？是他的心理变态吗？

安全提示

有人虐待小动物，可能是为了发泄心中的郁闷、缓解紧张的情绪。人具有攻击和破坏的本能，当一个人遭遇心理压力和挫折境遇时，就可能激发他的侵犯动机，出现攻击性行为。当一个人由于某种原因而不能对侵犯者予以还击时，往往会找一个替罪羊（如比自己弱小的人、小动物等）发泄一通。

庞虎同学可能因为在现实中受到一定的侵犯（如他经常受班上同学的欺负），而他又无法对侵犯者进行还击，所以，无辜的螳螂就成了替罪羊。

如果一个青少年长期以虐待比自己弱小的人或者小动物的方式来发泄郁闷，对其人格发展将会产生很不利的影响，甚至会成为反社会人格障碍的诱因。虐待小动物还容易转变为虐待弱小的同学从而催生校园暴力事件。

要纠正青少年虐待小动物的"怪癖"，建议从以下几方面着手：

一是查找造成这种不良行为的原因。青少年学生的精神压力一般来自4个方面：①人际关系不和谐；②学习压

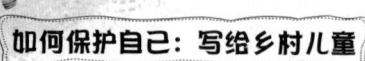
如何保护自己：写给乡村儿童

力超过承受能力；③家庭教育或者学校教育过于严格甚至粗暴，造成孩子心理紧张；④家庭不和，孩子感受不到父母亲的温暖。分析是哪种压力造成的，然后根据具体情况采取相对应的措施去减轻、缓解青少年的心理压力，才能从根本上解决问题。

二是对青少年加强爱心教育。讲述小动物的可爱，动物对人的益处，动物与人之间的感情，激发青少年对小动物的热爱和同情心，引导青少年友善地对待动物。

三是适当使用奖惩手段，矫正不良行为。有虐待动物的行为，要适当惩罚；爱护小动物，家长和老师要及时予以表扬和奖励。

虐待动物是没人性的，而这种没人性的行为往往来源于缺乏人文关怀的教育环境。只有进一步改善我们的教育方式，多一点人文关怀，诸如北大学子虐猫等事件才会在我们的生活中消失！

心理安全

脾气暴躁危险多

王双经常会觉得自己有病,因为她总是控制不住要发脾气。在家里,她总是和妈妈发生冲突,因为她觉得妈妈很烦。如看电视的时候,总能听见妈妈在一旁唠叨,妈妈越说她,她就越烦妈妈,就越不听妈妈的话。直到她真的受不了了,就会在家里大声乱叫,乱摔东西,乱踢桌子。

除了妈妈唠叨让王双发脾气之外,妈妈答应了的要求却不去做的时候,她也会大发脾气。就是那种达不到目的誓不罢休,有一种说不出来的着急的感觉。

王双真不知道自己到底怎么了。有时火气大了甚至会说一些伤害父母的话来,然后又感到特别后悔。如有一次,天气冷了,回到家后,她坐在床上看电视。爸爸拿来衣服给她穿上,她却特别反感,不知不觉又发了一通火。其实,王双是非常喜欢爸爸的,爸爸很宠她,从没打骂过她。可现在,不知道为什么,有时候就是特别烦她爸爸。

在学校也一样,王双有时也会很莫名地讨厌一个人,

如何保护自己：写给乡村儿童

而有时又很喜欢他。

大人们说王双不懂事，可她觉得自己很懂事，只是控制不了自己的情绪。

王双也很想改掉自己的暴躁脾气可又做不到！她该怎么办？

安全提示

青少年的很多极端行为都是在极其暴躁的状态下发生的，所以，脾气暴躁的人往往会面临更多的危险。那么，有些同学的脾气暴躁和什么有关呢？

从生理上来说，主要是青少年性激素分泌的成倍增长带来"生理能量"的成倍增长。而生理能量在无法释放的情况下又会造成大量"心理能量"的淤积。所以，青少年应多参加体育运动以释放能量，从而排除"火气大"的生理因素。

从心理上分析，进入青春期的少男少女，逐渐有了成人感和独立意识，希望自己的事情自己来做主，难免会与父母发生冲突。

同学们一定要学会给自己的暴躁脾气"降温"。首先要学会觉察内心的各种情绪，特别是一些负面情绪（如烦躁、郁闷、焦虑等）要及时察觉。例如，当你因为别人

心理安全

推了你一下而对他怒目而视的时候，你马上要问问自己："我为什么这么做？我现在有什么感受？真的是他的行为让我生气？还是我自己很郁闷正好以他推我为借口来发泄？"如果你察觉到你经常对别人的一点无意动作都很生气，你就要注意对自己的生气做更好的处理了。

其次要学会宣泄情绪。心里难受的时候，可以适当发泄。如在空旷的地方大喊几声，或者找一个沙袋，把它当作你的发泄对象，但切记不要太过猛烈，也不要影响他人。还可以找一个值得你信赖且愿意倾听你烦恼的朋友宣泄心中的苦闷。

另外，要注意完善自己的性格。如果你的情绪容易激动、兴奋，就不妨多看些优美的散文，听一些舒缓、轻松的音乐，这会使你暴躁的情绪安定下来。你还可以多做一些自己喜欢的体育运动，这既可以增强你的体质，又可以使你的心态变得平和、宽容。平时做事要多想后果，学会换位思考，锻炼自己冷静思考的能力。

再者，保证睡眠，多吃清淡食物，拒绝垃圾食品，也可以缓解急躁的情绪。

13

内向的同学如何应对别人的挑衅与冒犯?

张洋是一个性格内向的男孩,给人的感觉是比较老实的那种。可是老实人的日子未必过得平静。张洋最近就被一件事情纠缠着。

王斌是他们班里有名的混混,老师怕他影响大家的学习,让他坐在班级的最后面。张洋从来没有得罪过他,可是不知道怎么搞的,王斌似乎很愿意和张洋过不去,总是有事没事以侮辱和挑衅张洋取乐。张洋不喜欢惹事,或者说是有点软弱,心想,能忍就忍吧,也许过几天他寻到新的目标就好了。可是,张洋的好日子迟迟没有到来,王斌对他越来越过分。有一天,王斌当着全班同学的面,大声地骂张洋很难听的话。张洋实在忍无可忍了,就回击了几句。王斌当时愣住了,似乎很惊讶张洋会反击他。

事情就这样过去了,张洋以为他会因此有所收敛,没想到,过了几天,王斌竟然在上课的时候坐在座位上骂

心理安全

他,声音很大。后来,除了班主任的课外,其他老师的课王斌根本就不放在眼里,想骂就骂,搞得张洋根本无法安心学习。张洋心里非常气愤,不光是因为王斌骂他,更气的是为什么老师不制止他?张洋坐在前排都能听得很清楚,难道站在讲台上的老师就一点听不见吗?

现在张洋时常心情烦躁,感到活得一点面子都没有。

安全提示

没有招惹谁,却要不断地被人辱骂和挑衅,这样的事情发生在谁的身上都免不了烦躁和郁闷。当困境出现的时候,我们往往会去寻找原因。张洋同学把原因主要归于"混混"的蛮横,老师的听之任之上。当然,这些也是客观存在的,只不过那是外部因素。最主要的则应该是张洋同学的内部因素在起作用,是他一贯的忍让和退缩助长了对方的强悍与冒犯,而他偶尔的一点反击并不能从心理上威慑到对方,相反还激发了对方更进一步逼迫的欲望。

那么,张洋同学该怎么办呢?是继续反抗,还是忍受?

答案肯定要选择前者。但在继续反抗之前,还需要给自我注入一定的能量,使自我走出软弱,变得坚强起来!

给自我注入能量,首先要学会交流沟通,在交流沟通中获得心理上的支持。具体来讲,就是要先和老师沟通,

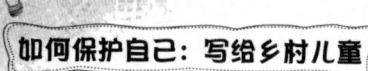

如何保护自己：写给乡村儿童

说出自己受欺负的心理感受以及希望得到老师帮助的愿望。相信老师了解了情况之后，一定会帮助他的。同时还要和父母、同学沟通，让他们出谋划策，在背后撑腰。

给自我注入能量，还要敢于面对挑战，适当地改变自己的行为。行为的改变可以带来心理素质的改变。你如果软弱，就可以从行为上武装自己：遇见你有点害怕的人，不要绕道走，而是直迎着对方过去；身体站直，挺直了胸膛和对方讲话；讲话时盯着对方的眼睛；说话的声音在关键的时候要洪亮，同时要善于运用沉默的武器；不要轻易说"对不起"等。

给自我注入能量，要学会适当地表达情感与情绪。软弱的人大多没有当众发怒的体验。而能够适时适当地当众发怒则是一种强大的表现。有可能一开始这么做，你会很不习惯，那么可以先在家里对着镜子练："你想干什么？""你凭什么欺负人？"等。

给自我注入能量，还需要学会调节情绪。像"我不能原谅我自己"之类的话其实就是一种消极情绪的反应，要及时调整。当然，调节情绪的方法有很多，如运动、娱乐和好朋友聊天等，这里就不一一介绍了。

心理安全

14 培养自己的抗挫折能力

2015年12月25日圣诞夜,赣州市发生了一起悲剧。一名9岁的小男孩在自己家中卧室上吊自杀,晚上20时30分许送至医院重症室抢救,不治身亡。民警从男孩父母口中得知,当天下午孩子下课后贪玩,回家时间比平常晚了一些,父母担心其安全,因此对孩子进行了一番批评教育。没想到,孩子竟将自己反锁在房间内自杀。

安全提示

青少年朋友一定要把学会做人放在第一位,学习成绩放在第二位。当然,完全不把学习成绩放在心上的学生,也是不知道如何做人的学生。

那么,青少年朋友该学做什么人?如何做人?

要做有理想,有追求,乐观向上,永不言败的新时代青少年,要做热爱生活,热爱祖国,热爱亲人、老师和同

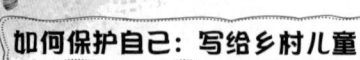

如何保护自己：写给乡村儿童

学，充满爱心的阳光少年。

要做新时代阳光少年，有很多要求，其中两点尤为重要：一是要重视人际关系，因为人际关系是心理健康的温度计；二是要培养自己的抗挫折能力，因为抗挫折能力是维护心理健康的关键所在。

和谐的人际关系不仅是心理健康的指标之一，也是我们获得心理成长的源泉。当遭遇挫折的时候，和谐的人际关系能给我们提供坚强有力的社会支持，使我们能顺利渡过难关。

无论一个人多么优秀，也难免会遭遇挫折和打击。一旦遭遇挫折和打击就自暴自弃，甚至走上自杀的绝路，这是抗挫折能力极低的表现，而抗挫折能力是需要从小培养的。

培养自己的抗挫折能力，首先要学会与人沟通和交流。如果你经常和父母、老师及同学交流，那么，你还有什么过不去的坎呢？

其次，要学会忍耐和等待。这需要从生活中的一点一滴开始，而不要等到重大挫折出现之后再忍耐。例如，你想让父母给你买零食。向父母开口之前，你可以在心里说：虽然我会跟父母说，但是我并不急于得到它。

还有，凡事要学会从好的方面思考。例如，小测验结果出来了，你的成绩不理想，你可以对自己说：幸亏这是

心理安全

小测验！吸取了小测验的教训，下次大考就一定能打个翻身仗啦！

最后，要学会分享。成功要与人分享，快乐要与人分享。学会分享会使你更自信、更坚强、更有力量。

如何保护自己：写给乡村儿童

15 学会对陌生人说"不"

小芳是一名小学四年级的女生，在邻村的一所学校上学。一天中午放学后，她走在回家的路上。忽然，从后面过来一辆小轿车，停在了她身旁。

车上有两个男青年。其中一个问小芳："小朋友，放学啦？前面那个庄子是不是某某村？"

小芳很热心地回答："是。"

男青年又问："你知不知道村委会主任住哪里？"

小芳说："知道，他是俺大爷哩。"

"哎呀，真是太巧了。我们是县农业局的，要找他商量搞试验田的事。"那男青年说着下了车，拉开后边的车门，对小芳说："小朋友，你上车给我们带个路吧！这样我们找人省事儿了，你也少走了这一段路。"

小芳见那男青年说话和蔼、亲切，就不假思索地上了轿车。"咚"的一声，男青年关上车门，车风驰电掣般驶向村庄相反的方向。

一起绑架案就这样发生了。

心理安全

安全提示

少年儿童年龄小，阅历浅，辨别是非的能力差，很容易受陌生人的哄骗而上当。因此，少年儿童就成为了犯罪分子诱骗拐卖、绑架勒索的主要对象。针对这种状况，老师和家长应加强对少年儿童的安全教育，教给他们一些自我防范的知识。在面对陌生人时，同学们要有一定的自我保护意识。

首先，不要对陌生人过分热情，要与陌生人保持一定的距离。有些青少年朋友对任何人都热情大方，真诚待人。这在学校和家里是没有问题的，但是，一个人在路上碰到陌生人的时候，就很危险了。尤其当陌生人故意接近你时，你应该有所警觉，并置之不理，最好是迅速离开。

其次，不要对陌生人太善良。现在很多诈骗拐卖之类的案件，都是犯罪分子利用当事人的善良得以实现的。看见需要帮助的陌生人，可以提供一定的帮助，但是，不要和对方有深入的交谈。

再次，不要轻易和陌生人搭话，更不要把家里的情况告诉陌生人。父母亲的姓名及工作单位、父母亲的手机号码及家庭电话号码等一定不能告诉陌生人，以免给不法之徒留下可乘之机。如果陌生人要你带路，或者领你进入

如何保护自己：写给乡村儿童

某个封闭的空间（如汽车里、房子里），你一定要果断地拒绝！

出门在外，不要随便向陌生人问路和求助。遇到困难，要学会向警察求助，或者是打110。找不到警察，无法打110的时候，要学会察言观色，尽量找面目慈祥的老年人问路或求助，要远离那些混混模样的人。

突发意外伤害安全

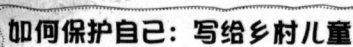

如何保护自己：写给乡村儿童

运用智慧学本领 靠己护身

少年儿童天真活泼单纯可爱，正是如此，在遇不测之事时，往往易受伤害。那么在大人不及之处，如何保护自己呢？这不仅要锻炼自己，遇人遇事不怕不慌，像司马光举石砸缸救出落水儿童的机智，还要学会一点防护的本领，护己帮友保安全。

少年儿童人小力薄，但大小强弱不可拘之，祁·猿通背一些轻巧快捷的招法，可以助小朋友运用自身的指、掌、拳、腕、肘、膝、头与足，出其不意地击伤不法之人，安全脱险于境。

事一：路劫

每天上学下学往往要走过田间小路，或是空旷无人的地方，如果遇到拦路抢劫的事儿，怎么办呢？一要有胆量，邪不侵正，人胆大就会精神气勇，破招得以施展；而胆怯，则神轻气散虽有智术而废。二只要运用你的指掌，做3个动作：一探二穿三搓，即可搞定。也就是当其伸右手来抢你东西时，你可用左手向下搂打，同时右掌五指分开向前探戳其双目（图1）。当其左手出拦时，你可右手外拨同时出左掌并指穿其咽喉（图2），其出右手外棚，

你可左手下搂同时右掌面上搓其鼻骨（图3）。当其被击，疼痛迷昏之际，正是你安全脱离之时。

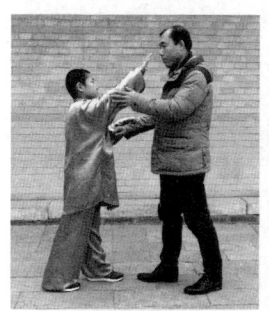
图1

图2

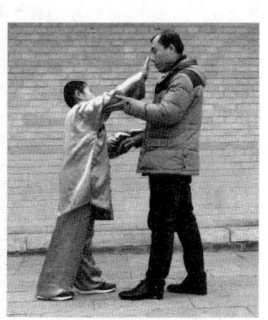
图3

事二：非礼

少儿似花朵，讨人喜欢。但他们想不到，也会有心怀叵测的人，有非法之为。那该如何对待呢？当狂徒抱你，要亲你脸颊时，你不要慌忙躲避，而应沉着运用你的头与膝足，即可解难。你用双手下按其两胳膊，同时用前额头骨最硬的地方，猛然撞击其鼻梁最软的部位（图4）。然后进步曲腿用膝顶打其裆部（图5）。其忍痛退缩时，你再

图4

补上一脚踢裆（图6），让不法之徒尝尝你的"刺梅"，而且要大声疾呼"抓坏人"，其会忍痛仓皇而逃。

图 5

图 6

事三：扒窃

　　少儿求知欲强，当你全神贯注或兴趣盎然地去做某事时，却没料想会有人悄悄摸到你的身旁，扒窃你东西，或突然从背后袭击你，那怎样办？不用急，只要随机应变，巧用你的肘和拳就可以回击了。当扒手、恶人从你背后近身伸手时，你可用肘部向身后顶击其腹中（图7），回身用拳反撩其阴（图8），当其护下时，你回拳反背上击其面（图9），再用后手拳连击其首（图10）。加以呐喊"抓小偷、抓坏人"，威震其胆，令其抱头鼠窜，逃之夭夭。

图 7

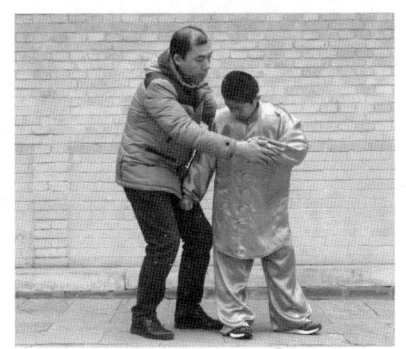

图 8

图 9

图 10

事四：霸凌

少儿天性活泼好动，校园生活欢声笑语，但有产生矛盾的时候，尤其是个别少儿受到校园外一些不良习气的影响，在校园内时有霸气凌人发生，若是偶遇又如何处理得当呢？一方面不能助长这风气，另一方面也不可以其道还其身。只要吓唬一下配合校方教育，制止就行了，不可真伤其人。如其来拳左右连击，你只用双手捋带上抓即可奏效。其出右拳击面,你可右手捯其腕(图11),其左拳连击,你左手捯其手腕,且下按至其身,"一星管二"(图12),抢步上前,举手抓面要连招,右手抓(图13),左手抓(图14),右手抓。使其只有招架之式,没有还手之功,而自愧退而了之。以此告诫其不可霸凌于人,校园是少儿们健康成长的好环境。

图 11

图 12

图 13

图 14

事五：义勇

少儿就像小树，在不断长大，除了校园生活还会逐渐接触社会生活，而社会不光是真善美，也有假恶丑。能识辨又能适当应对，对少儿的成长是有益的。当遇老弱病残之事，能学习雷锋助人为乐做好事。而当碰见不法之事时，怎样既能护己，又能帮上有求助的人呢？这就需要练一些防身护体的技击术，这并不是件难事。当恶人骂你多管闲事，且出右脚来踢，你可向你的右方挪一下脚步，双手向左外方将拍其腿（图15），其又出左腿连踢，你可向你左方挪一脚步，双手向右外方将拍其腿（图16），抢步上前摔掌击面（图17），见手下搂再探其目。

图15

图16

图17

事六：添艺

社会安定，生活幸福。少儿学知识壮体魄。业余生活唱歌、舞蹈、游泳、跆拳道爱好多多，喜好中华武术的也大有人在。这里教给少儿及家长一个武术持械的对练动

如何保护自己：写给乡村儿童

作，闲时用纸棒对练，既能增加趣味，激发勇敢，又能共同增加防身护体的武术技艺，就是万一遇险时也能壮胆护人，艺高而胆大。武艺之名为"横扫千军"。其右手械袭，吾右脚闪跨步右棒上裹（图18）下断其腕（图19），进右步右棒上撇其腕（图20）。其左手械来袭，吾左闪跨步，右棒上崩（图21）下搁其腕（图22），进左步跟右步右棒向下锥其阴部（图23）。其闪退，吾上右步擢挑其裆

图 18

图 19

图 20

图 21

图 22

图 23

（图24），其下搂（图25），吾进右步右棒下旋上劈其肩锁（图26），上左步左挽手助力右棒前扎其中（图27）。

图 24

图 25

图 26

图 27